Page 98

Page 128

COURRIER

Chères lectrices, chers lecteurs,

XXI vient d'accueillir de nouveaux venus. Journaliste depuis vingt ans, j'ai le plaisir et l'honneur de devenir rédactrice en chef de cette belle et audacieuse revue. Catherine de Coppet nous rejoint comme rédactrice en chef adjointe et Ramsès Kefi comme journaliste. Sans les équipes de relecture, de maquette, de communication, de relations avec les libraires, sans les pigistes, nous ne sommes rien. Merci à eux pour leur accueil. Merci à vous d'être là, ce numéro entre les mains, notre premier. Nous sommes très émus.

Pour le concevoir, nous vous avons envoyé un questionnaire en ligne avant l'été. Merci aux six cents lecteurs qui y ont répondu. Nous avons mené des entretiens par téléphone plus approfondis, et réuni des volontaires qui n'avaient jamais lu la revue. Nous vous avons écoutés et, je l'espère, entendus.

Plus des trois quarts d'entre vous apprécient particulièrement dans *XXI* les histoires qui permettent de comprendre la situation géopolitique d'un pays, les enquêtes qui montrent l'envers du décor, les récits et entretiens qui font réfléchir. Vous lisez notre trimestriel pour «*comprendre le monde*» et «*apprendre*». En même temps, vous nous suggérez d'être moins «*plombants*», plus optimistes. Alors, comment faire? Certains nous ont demandé de relater des initiatives locales, des expériences passées, des politiques publiques qui portent leurs fruits. Mais pas seulement. Et, là, grand merci, vous nous avez bien aidés à affiner notre ligne – celle de la revue en tout cas: vous voulez connaître l'état du monde, quel qu'il soit, mais sans vous sentir impuissants.

La revue reste donc fidèle à ses origines. Indépendante, sans publicité, n'étant rattachée à aucun grand groupe, elle continue à vous proposer en toute liberté des reportages à dévorer comme des romans. À vous raconter des histoires: des histoires vraies. Tous les trois mois, *XXI* garde son ambition d'être agréable à lire, protéiforme, rigoureuse dans sa démarche

Quels sujets aimeriez-vous lire dans *XXI*?

« Des exemples de bonnes choses qui se passent aussi sur Terre. »

« Les articles sur nos vies au boulot me passionnent. »

« Il va falloir parler de la France des campagnes. »

« Des modes de vie alternatifs, des injustices résolues... »

« Plus de sujets en régions, y compris dans les DOM-TOM. »

« Des récits dédiés au sport (celui des gens de peu, des quartiers populaires, des constructions sociales et humaines). »

« Le jardinage de l'avenir. »

« Les services publics ici et ailleurs ; davantage de sujets scientifiques. »

« Des affaires judiciaires, l'histoire de France vue de l'étranger. »

« Surprenez-nous ! »

Reconstruire sur les ruines

le monde qui vient. Bâtir. Pierre après pierre. François Scapula s'est-il fait refaire le visage pour accéder à une nouvelle vie ? L'un des derniers barons de la French Connection a trahi tous ses amis, aspiré au statut de repenti. Volonté de sauver sa peau ou sincères regrets ? La France s'est-elle s'arrangée avec les services secrets américains pour l'aider ? Sur d'autres ruines, dans un autre chaos, celui de deux guerres, et tandis que les exactions continuent, seize jeunes virtuoses congolais entament une tournée de chant lyrique en République démocratique du Congo pour briser le silence politique et médiatique. Tandis qu'un petit groupe de Kabyles perpétue en Seine-et-Marne une tradition apprise au pays : interdite en Algérie durant la « décennie noire », la chasse est devenue pour eux une manière de prolonger le passé. Daniel Pauly, quant à lui, océanographe multirécompensé, l'un des premiers à avoir dénoncé la surpêche, confie avoir vécu une enfance « chez les Thénardier ». Il a fait de cet héritage un repoussoir contre lequel bâtir sa trajectoire. Des momies, enfin, de la région autonome ouïghoure du Xinjiang, bien conservées pour leurs 4000 ans, reviennent à la vie à la faveur d'un maquillage politique et se racontent ici en BD. Dans ce numéro 61, nous avons envie de vous embarquer dans des aventures qui parlent de nouveaux départs, de tentatives de se projeter dans l'avenir en assimilant – ou non – le passé. À la charnière, sur la faille, dans les fissures.

Bonne lecture.

Elsa Fayner, rédactrice en chef de *XXI*

Sommaire

Page 20

Page 58

journalistique, pour aborder des sujets qui nous paraissent le mériter. Pas ceux qui font l'actualité immédiate, mais les tendances de fond qui feront celle de demain.

C'est là qu'il nous paraît possible de redonner du mouvement, de l'espoir, des idées : il ne s'agit pas uniquement de dresser des états des lieux, mais surtout d'observer ce que les protagonistes en font. À Nantes Nord, par exemple, l'architecture des HLM, qui a été pensée en îlots, a longtemps été propice à la verdure, mais aussi au trafic de drogue. Comment les urbanistes s'y prennent-ils aujourd'hui pour sauver les arbres, tout en éradiquant les points de vente ? Autre exemple, à l'hôpital cette fois, où les progrès technologiques permettent de réanimer plus de patients que jamais, ce qui provoque une multiplication des expériences de mort imminente : comment les soignants accompagnent-ils désormais ces récits ? Donner du sens, de l'air. Donner à penser, parfois contre soi-même. Surprendre, étonner. Explorer les angles morts. Voilà nos maîtres-mots.

Pour tenir ce fil exigeant, de nouvelles rubriques vous sont proposées. Nous avons envie de résistants, de poésie, d'aventures au coin de la rue, d'humour, d'écritures variées. Un nouveau déroulé vous invite à lire *XXI* comme on assiste à un spectacle : d'abord les animations apéritives, avant que les lumières ne s'éteignent, pour que le premier acte se joue, puis les suivants, jusqu'à prolonger tard dans la nuit le plaisir, avec quelques mignardises.

Il nous faudra un peu de temps pour développer pleinement ces aménagements. Vos avis et messages sont les bienvenus. Nous espérons vous faire partager notre enthousiasme, et être à la hauteur de la confiance que vous faites à cette revue. Merci à ses créateurs, merci aux équipes qui nous ont précédés. Nous avons bien conscience du cadeau qui nous est fait. Chères lectrices, chers lecteurs, nous vous souhaitons une bonne lecture.

ELSA FAYNER

Qu'appréciez-vous le plus dans *XXI* ?

84 %

des abonnés préfèrent les histoires qui permettent de comprendre la situation géopolitique d'un pays et les enquêtes qui montrent l'envers du décor.

72 %

plébiscitent les récits et entretiens qui font réfléchir.

Pourquoi lisez-vous *XXI* ?

49 %

des abonnés lisent *XXI* pour changer de point de vue.

L'arracheur de dents condamné

EN SEPTEMBRE 2022, L'EX-DENTISTE LIONEL GUEDJ, DONT *XXI* AVAIT DÉCRIT LE SYSTÈME D'ESCROQUERIE, A ÉTÉ CONDAMNÉ À HUIT ANS DE PRISON FERME. UN PROCÈS LIBÉRATEUR POUR DE NOMBREUSES VICTIMES.

«Toi, t'as le sourire Guedj»

DANS SON CABINET DES QUARTIERS NORD DE MARSEILLE, LE PERSUASIF DENTISTE LIONEL GUEDJ RABOTAIT, TAILLAIT, DÉVITALISAIT, FACTURANT UN NOMBRE RECORD DE PROTHÈSES, AU POINT DE DEVENIR, EN 2010, LE PROFESSIONNEL LE MIEUX PAYÉ DE FRANCE. DES CENTAINES DE PATIENTS EN SOUFFRANCE ONT PORTÉ PLAINTE. FIN FÉVRIER S'OUVRIRA ENFIN LE PROCÈS QU'ILS N'ATTENDAIENT PLUS.

Par Luc Leroux
Illustrations Sofia Figlié

N°57 Dix ans. C'est le temps qu'il aura fallu pour que les victimes de Lionel Guedj puissent raconter leurs souffrances et obtenir réparation. Entre 2006 et 2012, le dentiste des quartiers populaires du nord de Marseille a facturé des opérations bâclées ou médicalement injustifiées qui ont entraîné des complications et même des mutilations pour des centaines de clients. En 2010, il avait engrangé près de 3 millions d'euros de chiffre d'affaires – contre une moyenne départementale de 180 000 euros. Abcès, infections répétées, mauvaise haleine… L'hiver dernier, le journaliste Luc Leroux faisait dans nos pages le récit des dégâts causés par le dentiste, appuyé par son père de 70 ans, Carnot Guedj. Les deux escrocs ont été condamnés respectivement à huit et cinq ans de prison en septembre 2022. En trois semaines, 120 patients sur les 322 à s'être constitués parties civiles se sont relayés à la barre du tribunal correctionnel de Marseille, pour témoigner de leur calvaire. La première femme à prendre la parole a décrit le piège tendu par le dentiste : « *Lionel Guedj m'a conseillé de me faire enlever toutes mes dents. Il disait que j'allais avoir un beau sourire. Je lui ai fait confiance.* » Le docteur a dévitalisé et limé 24 de ses dents en moins de trois mois. Désormais dépressive, cette trentenaire vit depuis un cauchemar fait de « *douleurs insoutenables* », de « *dents qui tombent* » et de « *mauvaises odeurs* » dans la bouche. « *Il a gâché ma jeunesse, mon présent et mon avenir* », soupire la jeune femme. Au fil des audiences, les mutilés ont dit leur colère et leur sidération. Nombreux sont ceux à avoir demandé « *pourquoi* ». Un ex-agent de sécurité, venu pour une carie, s'est retrouvé avec huit dents dévitalisées. « *Je viens d'un milieu défavorisé. Quand on est dentiste, c'est qu'on a réussi, qu'on a déjà gagné. Pourquoi a-t-il fait cela ?* » Le dernier jour, les parties civiles ont remis un courrier au tribunal. Elles y ont remercié les magistrats, les avocats, les membres de l'association d'aide aux victimes, les agents d'accueil du tribunal, les policiers : « *Si vous saviez combien nos larmes ont coulé, combien nos vies ont été détruites, combien nos familles ont souffert. Mais tout ce mois, nous avons été écoutés et soulagés de savoir qu'on pensait à nous.* »
« *Les victimes ont réalisé qu'elles n'étaient pas seules*, raconte Luc Leroux, qui a suivi le procès. *Cela les a aidées à sortir de leur isolement et de la honte qu'elles éprouvaient.* » Durant la procédure, des amitiés se sont nouées. Samira, qui n'avait jamais mangé avec ses collègues de peur de perdre une dent devant eux, leur a avoué qu'elle était une victime du docteur. Noël Kouici, qui porte un dentier à 52 ans, a raconté son soulagement le jour du délibéré : « *On nous a rendu justice, on ne nous a pas laissés comme des gens des quartiers nord. On nous a respectés.* » Les deux condamnés ont fait appel, au pénal et au civil, un jugement en deuxième instance sera rendu avant l'été. D'ici là, la majorité des parties civiles devraient être indemnisées par le fonds de garantie des victimes. **RÉMI BAYOL**

Clinique psychiatrique à vendre

EN 2020, *XXI* RACONTAIT LA CHESNAIE, ÉTABLISSEMENT D'AVANT-GARDE, SANS BARREAU NI BLOUSE BLANCHE. AUJOURD'HUI, DEUX PROJETS SE DISPUTENT SON AVENIR.

N°49 Depuis l'été dernier, la clinique de La Chesnaie, dans le Loir-et-Cher, est à vendre. Fondé au milieu des années 1950, l'établissement est l'un des derniers bastions d'une psychothérapie alternative en France. Les patients y sont libres de leurs déplacements, les ateliers, variés, les tâches du quotidien, effectuées par les « soignés » – c'est ainsi qu'ils sont appelés – comme les soignants. En septembre, le médecin-directeur a annoncé qu'il souhaitait vendre La Chesnaie à la fondation privée l'Élan retrouvé, qui détient une quarantaine d'établissements psychiatriques en France.
« *Le projet de psychiatrie de La Chesnaie doit rester local, indépendant, et ne pas être absorbé par un groupe à vocation expansionniste* », s'oppose Gwenvael Loarer. Ce psychologue porte, avec d'autres soignants et des sympathisants, un autre projet de reprise, par le biais d'une société coopérative d'intérêt collectif. Leur offre a été refusée, malgré le soutien d'importants partenaires financiers prêts à investir dans les travaux et les embauches dont le lieu a besoin, selon Gwenvael Loarer. De son côté, l'Élan retrouvé tient à rassurer le personnel. « *Nous allons maintenir les pratiques médicales actuelles* », certifie son directeur général, François Géraud. Le bâtiment pourrait connaître des transformations : « *Nous prévoyons environ 9 millions d'euros de travaux pour mettre l'établissement aux normes d'habitation réglementaires.* » La fondation espère conclure l'opération de rachat avant l'été. R. B.

Tehuantepec gagne contre EDF

N°56 Le secrétariat à l'énergie du district d'Oaxaca, au Mexique, a annulé en juin 2022 les contrats de fourniture d'électricité signés entre EDF et la compagnie mexicaine CFE (Comisión Federal de Electricidad). Cette décision empêche la construction d'un parc éolien de 4 400 hectares sur ces terres de l'isthme de Tehuantepec. Une victoire pour les habitants du village venteux d'Unión Hidalgo opposés au projet, dont *XXI* retraçait la lutte à l'automne 2021.

La vie sans la Mafia

N°59 Nous vous racontions le combat des salariés d'une société de transport de fruits et légumes contre la Mafia sicilienne. Débarrassée du joug de Cosa Nostra, Geotrans se porte à merveille. Douze employés ont été recrutés l'année dernière, et l'entreprise a signé un contrat avec la plus grande chaîne de supermarchés italienne, Conad, pour distribuer leurs produits surgelés, fruits et légumes.

LES MINIATURES

AVANT DE SAVOURER LES GRANDS RÉCITS, QUELQUES CHRONIQUES DE LA VIE ORDINAIRE À GRIGNOTER.

Parking risqué

MÊME EN TEMPS DE GUERRE, ON NE PEUT PAS SE GARER N'IMPORTE OÙ À KIEV. LES VÉHICULES ENLEVÉS SE RETROUVENT À LA FOURRIÈRE EN FACE DE LA CENTRALE ÉLECTRIQUE, CIBLE POTENTIELLE DES ATTAQUES RUSSES.

La neige qui tombe abondamment le gêne, mais Mikhaylo n'y prête pas attention. Le trentenaire serre les mâchoires parce qu'il vient de récupérer sa voiture à la fourrière de Podil, un quartier du centre de Kiev (Ukraine). Derrière les grillages gardés par deux policiers, eux-mêmes surveillés par deux gros chiens nonchalants, des dizaines de véhicules attendent leur sur ce terrain vague gelé, perdu au bout d'un quai. De l'autre côté du bassin, relié au fleuve Dniepr, la centrale électrique de Kiev crache sa vapeur blanche depuis ses longues cheminées grisâtres. Ton sur ton dans l'humidité froide de l'hiver ukrainien.

Juste avant le couvre-feu

Mikhaylo n'en revient pas. Même en temps de guerre, les justiciers du stationnement s'en donnent à cœur joie. On lui a enlevé son SUV Nissan la veille, le 14 décembre, à peine deux heures avant le couvre-feu. Tous les soirs, les habitants de la capitale sont enfermés chez eux à 23 heures, jusqu'à 5 heures du matin. Et juste avant que les rues se taisent, les remorqueurs s'activent, assurent ceux qui ont vécu la même mésaventure. Mikhaylo s'était garé à moins de dix mètres d'un passage piéton, ce qui est interdit à Kiev depuis 2009. *« Mais quel choix avais-je ? »*, plaide-t-il, les pieds dans la neige. C'est si difficile de se garer dans le centre. Sourd à son argumentaire, le ballet se poursuit derrière lui. Des camions chargés foncent sur le chemin cabossé, les conducteurs font un geste au policier vêtu de noir qui leur ouvre, déposent les voitures en quelques minutes et repartent en quête d'un contrevenant. La chorégraphie n'aurait rien d'extraordinaire si elle ne se jouait au milieu d'un conflit, dans un pays envahi par la Russie le 24 février 2022. Un an après, plus question de conduire ni même de se garer n'importe comment. La fébrilité des premières semaines est passée. Le pouvoir s'évertue à organiser le quotidien de ses habitants pour éviter un nouvel exil. C'est devenu une gageure depuis que Moscou concentre ses attaques sur les infrastructures énergétiques ukrainiennes. Des « centres d'invincibilité » ont fleuri partout, cogérés par des volontaires et la ville pour fournir aux habitants les services essentiels (électricité, chauffage, eau, Internet). Sur la place principale de Podil, deux igloos en toile sont ainsi apparus du jour au lendemain. Un livreur à vélo en franchit les portes en plastique, et retire ses couches de vêtements. Des quidams profitent du chauffage sur les chaises longues. Une jeune femme accoudée à une table recharge son téléphone sur l'une des multiprises, tout en discutant à voix basse avec son compagnon, un militaire au visage terriblement juvénile. Ils échangent un baiser chaste, puis s'en vont, les batteries rechargées. Il est à peine plus de 16 heures, la nuit tombe, tout le voisinage est dans le noir.

PIERRE ALONSO

Col roulé

DIFFICILE, CETTE ANNÉE, DE MAINTENIR LA TEMPÉRATURE DANS LES CLASSES À 19 °C. ALORS CHAQUE ÉCOLE TROUVE SA PANACÉE.

Instits et profs ont longtemps sermonné leurs élèves emmitouflés. Suivre les cours trop couverts était jusqu'à présent perçu par certains enseignants comme une marque de démotivation – un synonyme de « *pitié, que ça se termine vite* ». La géopolitique a renversé la norme. La guerre en Ukraine a fait exploser le prix de l'énergie : les factures d'électricité et de gaz menacent désormais les finances des collectivités françaises. En réponse, le gouvernement en appelle aux économies de chauffage – et envoie des ministres prêcher la fin de l'abondance en col roulé. Depuis 2016, la loi fixe à 19 °C la température minimale dans une salle de classe. Seulement, le compte n'y était pas partout cet automne. De la Normandie au Limousin, des parents et enseignants ont dénoncé des thermomètres oscillant entre 12 et 13 degrés certains jours. Les écoles les plus mal isolées souffrent encore plus de ces restrictions – la crise énergétique révèle celle de l'état des bâtiments publics. À Périers, dans la Manche, le maire offre ainsi des polaires aux 350 élèves de maternelle et de primaire de sa petite commune, écrit la presse normande. Le cadeau coûte environ 5 000 euros, qu'il ponctionnera, dans l'idéal, sur les 20 000 qu'il compte économiser en chauffant moins. À Avignon, une classe de Segpa – dispositif qui accueille les élèves les plus en difficulté scolaire – a été délocalisée dans un autre collège, le temps de passer l'hiver. Auprès de France Bleu, l'académie du Vaucluse a justifié cette décision par la nécessité : « *Le chauffage du site pèse lourdement sur le budget global du collège.* » Mais les enseignants redoutent des dommages collatéraux pour ces élèves, pour la plupart issus de milieux modestes, à commencer par le décrochage scolaire. **RAMSÈS KEFI**

Harissa

Le 1er décembre dernier, le comité de l'Unesco a inscrit la harissa tunisienne à son patrimoine immatériel de l'humanité. Cette purée, qui fait rougir et relève tous les plats auxquels elle se frotte, est un mélange de piments séchés au soleil, d'huile d'olive et de condiments (ail, sel ou encore coriandre). En Tunisie, elle règne sur les assiettes, les en-cas et les sandwichs – avec leurs cuillères à soupe, les restaurateurs les badigeonnent comme s'ils repeignaient un mur. Les nuits de fringale, la harissa s'enquille à la va-vite sur un morceau de pain, avec quelques miettes de thon et une portion de Vache qui rit. À table, quand elle n'y est pas, on demande de ses nouvelles – *« Pourquoi le pot n'est pas là ? »*

Cet assaisonnement est presque une signature à l'international ; c'est parfois le premier mot qui vient à l'esprit de ses voisins maghrébins pour décrire le Tunisien : *« Harissa ! »*, comme si le croissant sur son drapeau était en réalité un piment. Les chiffres les plus précis sur son commerce datent de 2015, mais donnent un ordre d'idée : la Tunisie exporte tous les ans plus de 10 000 tonnes de harissa, dans plus de vingt pays. Que ce soit en tube, en conserve ou en pot. Dans son dossier de candidature pour l'Unesco, le pays l'avait décrite comme *« un facteur de cohésion sociale »*. R. K.

Ami des bêtes

ON NE PASSE PAS INAPERÇU QUAND ON ADOPTE UN LION EN SEINE-SAINT-DENIS. SURTOUT QUAND ON A DÉJÀ PARADÉ À CHEVAL DANS LES RUES DU 93, ET QU'ON EST RECHERCHÉ PAR LA POLICE.

En 2017, un lionceau a été retrouvé par les pompiers au domicile de Gamart Camara, un appartement de 40 mètres carrés, en Seine-Saint-Denis. Face à la justice, le trentenaire a plaidé coupable : oui, il voulait effectivement utiliser l'animal pour les besoins d'un clip. En novembre 2022, le tribunal correctionnel de Bobigny l'a finalement condamné à quatre mois de prison ferme. Un vendredi pluvieux, on l'avait rencontré dans son restaurant familial, à Montreuil, dans la petite couronne parisienne. C'était en 2019. À l'époque, la trajectoire de Gamart Camara venait d'être retracée dans un documentaire, de sa carrière de footeux avortée en Italie à son quart d'heure de notoriété aux portes de Paris.

C'était déjà lui qui, en 2017, avait déambulé dans les rues du 93 à dos de cheval, casque de moto sur la tête. Ses promenades à dos d'équidé, autant que ses plaidoyers, avaient fasciné les grands médias – « *Tout le monde aime les chevaux, même les banlieusards… sauf qu'on nous a jamais dit que c'était pour nous.* »

Entre malice et romantisme

Celui qui assume son passé de taulard avait acheté Castro, sa monture, sur Le Bon Coin. Il se targuait d'avoir appris à seller et monter en regardant des vidéos, et avait même fait la une d'un magazine spécialisé… avant d'être dénoncé par des associations de protection des animaux. Castro lui sera retiré par la police. Mais pas son surnom : le « Cavalier de Montreuil ».

Le lionceau ? Gamart Camara, dont les récits oscillent entre malice et romantisme, n'a pas nié sa « *bêtise* » devant nous. Mais, il a nuancé : « *J'aime vraiment les animaux, ce lion était aussi mon bébé.* » Et : « *Je n'ai jamais dit qu'un lion pouvait vivre en appartement, mais cette bête était malheureuse dans sa cage.* » Il avait récupéré le félin dans un cirque normand, qui le lui avait vendu sous le manteau. Les réseaux sociaux l'ont trahi. Des vidéos de lui s'amusant avec le mini-roi de la jungle ont fuité, ce qui a doublement alerté la police : elle le recherchait déjà pour une affaire de drogue. Le jour de son arrestation chez ses parents, la question s'est posée : où se trouve le lion ? Le jeune homme leur a indiqué son appartement, où le félin était nourri depuis six semaines à la bavette, et où il grognait comme « *une moto les nuits d'orage* ». Après Castro, Gamart Camara a acheté un nouveau cheval. Il lui a trouvé un box, et un nom : Chavez. **R. K.**

Grimace

LE MYSTÈRE DE LA FORMATION DES NARINES EST EN PASSE D'ÊTRE RÉSOLU.

Vincent Fleury, biophysicien, s'est penché sur le nez et ses deux trous. Comment se sont-ils formés ? La réponse tient peut-être en une grimace sonore : les cellules d'un embryon, de concert, se contractent et improvisent un grognement, suite auquel se forme le nez tel qu'on le connaît, et ce, depuis des centaines de milliers d'années.

Le chercheur, membre du laboratoire « matière et système complexes » (affilié au CNRS), a publié en novembre dernier ses résultats dans la revue *The European Physical Journal E*. Son travail s'est concentré sur des embryons de poulet, plus faciles à observer que ceux des humains – le visage du volatile, quand il se forme, n'est pas si éloigné de l'homme « *jusqu'à l'apparition du bec* », précise le biophysicien dans *Sciences et Avenir*. Ses conclusions dessinent un schéma en deux temps. D'abord, la bouche se forme et « *plie en même temps deux boucles en lacet qui vont former les narines* », écrit le *Journal du CNRS* dans une courte synthèse. Ce n'est que dans un second temps que les trous de nez apparaissent, suite à une forte contraction des tissus de la face déjà formés – comme si les cellules de la bouche à peine créées se crispaient.

Un phénomène physique plus qu'une programmation génétique. Le travail de Vincent Fleury est un voyage vers le passé : sa théorie de la formation des narines pourrait expliquer l'apparition des mâchoires chez les poissons il y a 500 millions d'années. Mais aussi vers le futur : dans des articles scientifiques, le chercheur estime que sa découverte pourrait être un progrès dans la médecine régénérative et réparatrice – grâce à laquelle on pourrait, à terme, influer sur la genèse des organes en intervenant directement dans les cellules. R. K.

50 °C

En mars, la mission d'information du Conseil de Paris va rendre ses conclusions après six mois de réflexion sur les conséquences du réchauffement climatique sur la capitale. À la suite de quoi, la Mairie de Paris prévoit d'organiser une simulation en octobre 2023, baptisée « Paris 50 degrés ». L'exercice – des mises en situation – doit tester les capacités de réaction des pouvoirs publics et des habitants en cas de canicule extrême.

Dancing

Les trains ne s'y arrêtent plus depuis 1994 ; des bus et des camions stationnent désormais sur son parking et des tags habillent ses façades. La gare de Châtillon-sur-Seine, en Côte d'Or, n'est plus la propriété de la SNCF depuis novembre 2022. Les 491 m² de bâti – maison comprise – ont été cédés à une riche famille du coin, lors d'une vente aux enchères en ligne, raconte France 3 Bourgogne. Le prix de départ n'a pas bougé : 36 001 euros. L'annonce sur Agorastore, site spécialisé dans ce type de biens, rappelait que cette gare, mise en service au mitan du XIXe siècle, ne peut pas être transformée en « dancing ».

Médecine ping-pong

La maladie d'Alzheimer a peut-être trouvé son ennemie : petite et ronde, c'est la balle de ping-pong. Une étude va être lancée en 2023 par France Alzheimer, sous la direction de Pierre-Louis Bernard, gérontologue et docteur en sciences du mouvement humain. Des malades pratiquant ce sport rapportent des progrès, l'association veut creuser. Le ping-pong améliore-t-il durablement la concentration et les facultés cognitives ? Freine-t-il, plus qu'un autre sport, l'avancée de cette pathologie incurable ?

Nos ancêtres les tricheurs

LES JEUX DE HASARD AVAIENT DÉJÀ DU SUCCÈS DANS L'EMPIRE ROMAIN. LA FILOUTERIE AUSSI.

La science est un remède efficace contre la nostalgie facile : non, ce n'était pas mieux avant, et pas plus fair-play. Cet automne, des chercheurs européens, membres du projet Locus Ludi, ont rendu publics les résultats d'une étude consacrée à un dé antique.

En 2000, une écolière, au détour d'une fouille archéologique amateur en Belgique, tombe par hasard sur ce minicube – créé à base d'os – de l'époque gallo-romaine. Du mercure s'en échappe – la jeune fille l'a involontairement cassé avec sa truelle.

Les conclusions, publiées dans la revue interuniversitaire *Pallas*, sont limpides vingt-deux ans plus tard : le liquide gris, qui oriente le dé sans l'alourdir, permettait à celui qui le lançait de tricher. Combine aussi malicieuse que discrète : si le roublard veut tirer un 6, il s'arrange pour orienter le liquide vers le 1, soit la face opposée. Dans un article fouillé, le magazine *Science et Vie* donne la notice : le tricheur frottait son dé contre sa cuisse ou le tapotait contre la table.

Du Ier au Ve siècle de notre ère, les jeux de hasard avaient déjà du succès dans l'Empire romain, toutes classes sociales confondues.

Thomas Daniaux, l'universitaire suisse qui a coordonné l'étude, en est certain : si une technique aussi poussée a été pensée, c'est que les gains devaient être conséquents. D'ailleurs, les jeux d'argent ont été un temps réglementés au VIe siècle par l'empereur romain Justinien : l'addiction détruisait des familles, autant qu'elle perturbait des soldats en faction.

Des travaux universitaires évoquent les parades mises en place contre la tricherie durant cette période. Des gobelets étaient par exemple utilisés pour jeter les dés sans pouvoir les piper. R. K.

Globe-trotter

Cédric Bakambu, 31 ans, est un vadrouilleur du football. France, Turquie, Espagne, Chine : sa carrière a des allures de missions commando – cet été, il a quitté Marseille où il n'est resté que six mois. Le Franco-Congolais, qui évolue aujourd'hui à l'Olympiakos (Grèce), a été formé à Sochaux, club centenaire fondé par Peugeot. L'attaquant y est lancé en Ligue 1, où il brille par intermittence. En 2014, ses employeurs lui indiquent la sortie pour renflouer les caisses. À l'hiver suivant, Bakambu se met d'accord avec un émissaire de Bursa, en Turquie. Le club veut l'engager et lui demande de prendre l'avion immédiatement pour discuter du contrat. Seul hic : une partie des négociations se passera en turc. Comment être sûr que les dirigeants et les agents autour de la table ne vont pas l'arnaquer ? Huit ans plus tard, il livre son astuce à Zak, chroniqueur sur YouTube – les sportifs de haut niveau se confient de moins en moins facilement aux médias traditionnels. À l'instinct, cette nuit-là, il passe un coup de fil au seul turcophone en qui il a confiance : le patron d'un kebab à Sochaux, qui le rejoint au pied levé à l'aéroport après s'être assuré que sa femme pouvait tenir le restaurant en son absence. Bakambu signe au Bursaspor, où il restera un an et deviendra une superstar. R. K.

Odile

PORTRAIT

LA « RÉFÉRENTE SOCIALE » MARAUDE DANS LA GARE DU NORD. ELLE Y REPÈRE LES ÂMES ERRANTES, LES RÉCONFORTE, ET RECENSE LEUR VIE DANS SES CARNETS.

Dans son bureau, au bout d'un quai de la gare du Nord (Paris), Odile ouvre un meuble tout doucement, comme si elle allait en sortir une bouteille d'un cru rare. Elle y trifouille, pour tirer un carnet noirci de mots écrits en vrac. Quelques détails, qu'elle note depuis cinq ans pour se rappeler une femme ou un homme, croisés pour la toute première fois – « *Dame parlant polonais / bouton côté droit bouche / cheveux courts / pantalons rouges.* » Ces pages racontent les trajectoires cabossées de ceux qui trouvent refuge dans les gares parisiennes quand ils ne savent plus où aller. Au total, dix carnets consignent des personnages venus d'un peu partout, du sud de la France, du nord de l'Europe ou du centre de l'Afrique.

Odile, petite cinquantaine, les repère vite quand elle maraude. Cette femme menue, aux cheveux noirs et fins, travaille dans ce gigantesque édifice où transitent chaque jour 700 000 voyageurs, mais qui est aussi le toit de centaines de sans-abri. En regardant la forme de leurs sacs, leurs chaussures ou leurs mains, Odile sait dater le moment où ils ont été happés par la rue et jusqu'où celle-ci les a grignotés. Il y a de tout dans les profils, dont des revenants : des cheminots retraités, qui ont basculé dans la misère, se faufilent au milieu des trains pour s'y reposer et, si l'occasion se présente, s'y endormir.

Une entorse à sa règle d'or

Odile a commencé derrière un guichet SNCF en 1999, où elle vendait des cartes orange et des tickets. Au fil du temps, elle a dû composer avec la numérisation progressive des services. Son métier est devenu presque désuet, mais elle en a découvert un autre : celui de référente sociale. Un poste ouvert par l'entreprise pour une mission singulière : aiguiller vers les associations et les services sociaux les âmes errantes de trois gares parisiennes, celles du Nord, de l'Est et Saint-Lazare. Hervé, qui occupait ce poste, partait à la retraite. Odile a repris le flambeau en 2017 et gardé en tête le conseil de son prédécesseur : « *Dis-toi bien que tu videras un océan avec une cuillère à café.* »

Avec deux policiers, elle aborde, toute la semaine, ceux qui dépérissent dans des recoins de couloirs. À cause du froid, du crack, d'une maladie, d'un divorce, d'un problème psychiatrique – ou de plusieurs facteurs cumulés. Elle les écoute débiter leur vie par bribes. Les aide à ne pas perdre pied dans la rue tant qu'ils n'en sortent pas. Les pleure quand ils y meurent. Les câline quand ils s'en tirent, comme ce couple d'anciens toxicomanes qu'elle a accompagné dans sa guérison. Sa règle d'or, ne jamais parler de son boulot, Odile y a contrevenu – une fois. À sa famille, elle a raconté « JP », ce vieux ch'ti qui s'est longtemps posté devant la gare de l'Est comme s'il en avait hérité. La référente sociale s'était attachée à ce gars à barbe blanche, désormais rasé de près et vivant dans une maison de retraite. La mère d'Odile avait compris que ce JP – et ses cinq décennies dehors – était spécial. Alors, elle lui avait tricoté une écharpe. **R. K.**

ILLUSTRATIONS FRANCK BOURGERON

SUR LA ROUTE

Les vices de l'itinéraire bis

TOUS LES TROIS MOIS, *XXI* DÉROULE UN RUBAN D'ASPHALTE QUI EN DIT LONG SUR LE TERRITOIRE QU'IL TRAVERSE. À ÉCHARCON, DANS L'ESSONNE, LA RUE DE LA MONTAGNE, CAUCHEMAR DE VOIRIE PAR LA FAUTE DE WAZE, DEVIENT VOIE VERTE.

Drame des GPS : un automobiliste américain de 47 ans a trouvé la mort sur une route de Caroline-du-Nord, le 30 septembre dernier, à cause de son navigateur électronique, qui l'a expédié droit dans un fleuve, de nuit et sous une pluie battante. L'appareil lui conseillait d'emprunter un pont qui n'existait plus.

Ce n'est pas dans la commune d'Écharcon que ça pourrait arriver. Monsieur le maire a bloqué l'accès aux deux ponts qui enjambent l'Essonne, dans le département du même nom. Une mesure anti-GPS. Le village n'en pouvait plus de servir de raccourci. Une colonne de cinq mille véhicules s'y formait chaque jour, pour une population de huit cents âmes et une voirie en goulot de bouteille. Le pompon a été remporté par une voiture défonçant une rambarde au-dessus du fleuve. C'est alors que, excédé, le conseil municipal a fermé la route au sud de sa localité. Les ponts se firent levis.

La fin d'une « grande aventure », douloureuse, pour le village et son maire, Gérard Rassier, sapeur-pompier à la retraite, élu sans étiquette en 2014, quand le trafic a commencé à flamber. L'époque est aux GPS sur smartphone, les Waze, Google Maps et autres robots de guidage. Ces applications identifient Écharcon comme un itinéraire

de délestage. Pour mieux esquiver le rond-point apocalyptique sur la D153, au niveau de la côte de Montauger : plus de quarante minutes de bouchons pour les travailleurs qui naviguent entre les agglomérations à l'ouest (Arpajon, Brétigny-sur-Orge) et celles situées à l'est (Corbeil-Essonnes et Évry-Courcouronnes). Une autoroute officieuse se met à traverser Écharcon.

« *C'était la place de la Concorde !* », se souvient l'édile. Klaxons beuglant dès 6 heures. Des murs de maison rayés par des carrosseries de toutes les couleurs – il y a des arcs-en-ciel sur le crépi. Rétroviseurs écrabouillés quand deux voitures se croisent. Des conducteurs se bastonnent à mains nues. Une femme est traînée par les cheveux. Un autre jour, c'est un enfant qui est bousculé. La presse locale tient la chronique des incidents, alors que plusieurs communes subissent la même folie. Les élus d'Écharcon cherchent une parade. Déclarer sur les applications des travaux factices ou de faux contrôles de police ? Négocier pour disparaître des écrans, par le biais d'une cellule de crise ouverte par Waze ? Attendre que le Parlement français légifère ? Ce sera fait en août 2021, avec la loi « climat et résilience », qui interdit aux GPS de mentionner les itinéraires les plus rapides.

Les élus veulent sa peau

Écharcon se barricade en juillet 2018, murant les ponts ainsi que la longue chaussée qui les prolonge, la rue de la Montagne. Le trafic s'arrête instantanément. Mais les ennuis redoublent pour le maire. Ses poubelles sont renversées. Les automobilistes privés de raccourcis pétitionnent. Les élus des communes voisines veulent sa peau, car c'est chez eux que le trafic se reporte. Le maire de Mennecy attaque son homologue devant le tribunal administratif en 2019. Aux municipales de 2020, trois listes s'affrontent à Écharcon. On ne ferme pas les routes impunément, fussent-elles des chaussées communales, placées sous la responsabilité de la mairie…

Gérard Rassier a été réélu et a gagné son procès. En quatre ans, les prix de l'immobilier ont grimpé. La rue de la Montagne, désormais balade piétonne ou à vélo, sera bordée par des « îlots de fraîcheur » en 2023. De cette bataille anti-GPS est né un miracle, à la plus grande surprise des ingénieurs de la DDE : le flux routier alentour a un poil ralenti, y compris sur le rond-point cauchemardesque de la D153.

PIERRE CARREY
ILLUSTRATION KILLIAN PELLETIER

TRAVAIL AU CORPS

DANS CHAQUE NUMÉRO, UN TRAVAILLEUR RACONTE CE QUE SON MÉTIER LUI FAIT.

« Je n'ai pas peur des matériaux, je les comprends »

BÉATRICE, 54 ANS, RESTAURATRICE DE SCULPTURES

D'habitude, Béatrice Dubarry *« jongle entre les chantiers extérieurs et intérieurs »* : le matin, elle restaure une sculpture au Petit Palais ou dans un autre musée parisien, l'après-midi elle efface un graffiti dans un jardin public. Mais en ce moment, seuls les extérieurs doivent être bichonnés, en vue des JO de 2024. Les intérieurs attendront. Alors Béatrice arpente la capitale sur son vélo aménagé pour porter son matériel, par tous les temps. *« J'aime ce côté aventurier, qui ne s'écoute pas trop*, sourit cette femme aux cheveux courts dans son atelier poussiéreux. *Je ne me laisse pas arrêter par des bricoles. J'ai d'autres objectifs. Garder ma liberté, et que mon travail ait du sens. »*

PAR ELSA FAYNER
ILLUSTRATION QUINTIN LEEDS

1 Quel est votre contrat ?

Je suis indépendante, j'ai une entreprise individuelle. Je me suis enregistrée comme « artisan ». J'aurais pu m'enregistrer comme « profession libérale ». Certains restaurateurs le font. Il y a des gens qui aiment être pris au sérieux, appartenir à la même catégorie que les médecins. Moi, j'aime faire.

2 À quel moment quittez-vous votre tenue de travail ?

Sur les chantiers, je nettoie, je taille, je répare. Parfois, je mets un tablier. J'adore, je n'existe plus. Mais la plupart du temps, je suis en jean. J'aime cette vie linéaire, sans tenue spécifique, sans moments exceptionnels. Y compris chez moi. Je pense à un truc, je vais à l'ordi, qu'il soit 7 heures ou 20 heures. Je travaille douze heures par jour, et une journée le week-end. Mais je me ménage des pauses : le midi, au resto – et il faut que ce soit bon ! –, le vendredi pour l'apéro avec les voisins... Je n'ai pas besoin de prendre de vacances, ni de voyager. Ou alors avec un objectif en tête : regarder comment les sculptures sont restaurées, découvrir une architecture. J'ai besoin d'avoir des projets, des choses à construire.

3 Un souvenir qui vous a marquée ?

Récemment, l'arrière-arrière-petite-fille de Hàm Nghi – un empereur vietnamien du siècle dernier – a retrouvé dans un carton une sculpture réalisée par son grand-père qui était en mille morceaux. C'était un nu, une femme assise. Je l'ai réparée. C'est jubilatoire de redonner vie aux œuvres : je n'ai pas peur des matériaux, je les comprends, intuitivement. Donc je me fais confiance. Quand je taille, c'est comme une évidence. C'est comme une orange qu'on épluche. Si on hésite, ça ne marche pas. Dès le début d'un travail, je vois l'état de restauration que je veux obtenir et, à partir de là, je vais très vite.

4 Votre activité vous demande-t-elle un effort physique ?

Il y a des choses lourdes à porter, des postures douloureuses à tenir. Je fais attention aux genoux, je prends des mousses, des sièges. Parce que, si je me fais mal, ça met du temps à revenir à la normale. Récemment, je me suis abîmé trois doigts, en forçant sur un échafaudage. J'ai attendu que ça passe. De manière générale, j'ai mal un peu partout. Mais j'ai la chance d'avoir une bonne constitution.

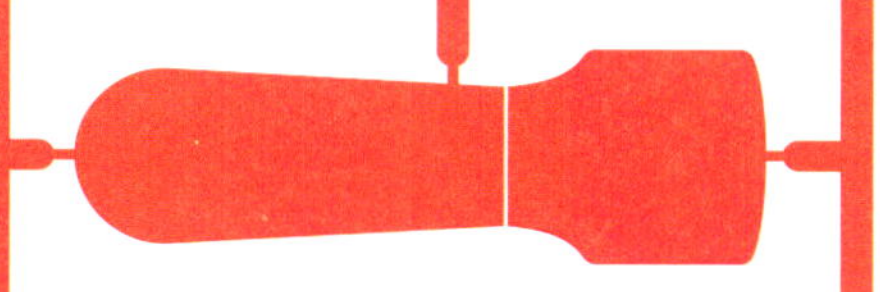

5 Votre activité vous demande-t-elle un effort mental ?

Il faut être extrêmement endurant, parce que le travail est difficile, et long. Il faut être rapide, pour tenir les délais. Et ne pas se déconcentrer. Quand je restaure, je suis dans un état de transe. Je ne vois pas le temps passer. Je peux travailler une journée sans m'arrêter quand je suis seule sur un chantier. Mais le soir, je suis rincée, je regarde des séries télé.

6 Avez-vous l'impression de bien faire votre travail ?

Je dois faire de petites concessions. Parfois, j'aimerais repasser derrière l'équipe que je chapeaute, pour peaufiner. Même pour de simples joints, et même si le commanditaire est satisfait. Ça peut poser des problèmes entre collègues, je le sais. Je le fais discrètement, ou je me retiens. Il paraît que je suis plus souple en vieillissant ! Parce que j'ai peur qu'on ne veuille plus bosser avec moi à cause de ça.

7 Qu'est-ce que votre travail vous a permis, ou empêché, de faire ?

Il m'a permis de faire quelque chose de mon énergie, qui me vient de mon père. Le problème de l'énergie, c'est qu'elle peut se retourner contre soi. Mon père, ça l'a abîmé. Adolescente, je ne savais pas la diriger et j'étais super mal. Je n'étais pas à l'aise avec les autres, je ne parlais pas. Je me noyais en moi-même. Alors je dessinais de façon frénétique. À 17 ans, à Tours, je suis allée frapper à la porte des Beaux-Arts. Le directeur m'a autorisée à assister à tous les cours. J'ai découvert la restauration d'œuvres d'art. De toute façon, je n'avais pas les épaules pour être artiste. Et j'ai adoré.

Doppelflinte 147S

Le Kabyle et le fusil

QUAND KAMEL SE PRÉPARE POUR UNE CHASSE, IL EST AUSSI FÉBRILE QU'UN GAMIN À LA VEILLE DE NOËL. PAS POUR LE GIBIER, MAIS POUR « LES COPAINS ». ET PUIS LA NOSTALGIE, CELLE DE L'ALGÉRIE, QUI NOURRIT TOUTES LES CONVERSATIONS.

Par Rachid Laïreche et Ramsès Kefi
Illustrations Luca Falcone

Où l'on se retrouve dans le salon de Kamel

Kamel a les mains sur une tasse de tisane et les pieds dans des tongs. Il se tâte. Assis dans son grand salon, cela fait une heure et demie qu'il parle de sa fascination pour la chasse, les chiens racés et la forêt. Est-ce qu'il continue encore un peu ? Le quadragénaire a commencé une histoire de bécasse avec la voix empreinte de malice et de mélancolie. Mais l'a interrompue aussi brusquement qu'une coupure de courant. Il fatigue. Ses paupières sont lourdes, sa mémoire aussi : plus les minutes filent, plus il s'excuse de chercher ses mots. Égoïstes, on le tanne.

Pour nous, cette nuit d'automne tient du miracle. D'ordinaire, le menuisier, qui vit en Seine-Saint-Denis, n'offre qu'une confession par rencontre – deux les jours de chance. Là, il en a éparpillé une tripotée d'un coup, sans calculer. Petits sourires, les nôtres et le sien. L'ampoule n'éclaire son visage qu'à moitié. Il jette un coup d'œil en direction de la cuisine et cède : *« D'accord. La bécasse ? C'était il y a plus de vingt ans… »* Là-bas, en Algérie, à la toute fin des années 1990.

C'était précisément un matin, au souk, où s'achètent les légumes, se glanent les dernières nouvelles et se fixent les rendez-vous. Des anciens le croisent et lui proposent de les accompagner à la chasse. Ils l'ont remarqué dans les bois. Lui n'a pas encore la vingtaine et trimballe un fusil d'un autre âge. Il est honoré. Kamel vient d'un hameau en Kabylie, région du nord de l'Algérie où coexistent 4 millions d'habitants entre mer Méditerranée et massifs montagneux. Depuis qu'il a 15 ans, le jeune Berbère y traque le gibier avec des voisins. Le poulailler de sa famille jouxte une forêt sans fin. Il a appris à poser des pièges, tirer les sangliers et apprécier les courses des lapins. À éviter la compagnie des « Clint Eastwood » qui, au moindre bruissement, s'agitent et frottent leurs gâchettes – *« Ils n'ont pas saisi qu'on peut passer une bonne chasse sans tuer. »* À l'époque, le coup de feu est un investissement : 250 dinars la cartouche. Le menuisier dresse son index : *« Une cartouche valait le prix d'un kilo de poulet. Si tu n'as pas les moyens, tu choisis quoi ? »*

Le jour J, ils sont une dizaine au milieu des arbres. Des « vieux », et Kamel. Rien d'exceptionnel, jusqu'à ce qu'ils repèrent une bécasse, oiseau migrateur au bec long et pointu, que les villageois consomment. L'un des anciens fait signe à son jeune invité : elle est pour lui. Ils le débarrassent de son arme et lui en prêtent une de meilleure facture. Le jeune homme monte sur une grande pierre humide. Un frisson. Il vise. Pan ! Un coup. L'oiseau tombe. Des frissons. Les aînés le félicitent. Sur le chemin du retour, ils lui confient un secret : ils avaient parié quelques pièces sur son tir. Va-t-il ou non le manquer ? Va-t-il ou non gaspiller une cartouche ? Deux décennies plus tard, figé sur sa chaise à minuit, Kamel le raconte comme une remise de diplôme : « *Je suis vraiment devenu chasseur ce jour-là.* » Fin du flash-back. L'homme aux joues briochées se lève. Il est habillé comme d'habitude : pantalon sombre, t-shirt long et veste large.

Sur le pas de la porte, il nous salue longuement et cède encore. Finalement, il accepte que nous écrivions ce qu'il appelle « *l'histoire de [son] fusil* ». Comme un éternuement, elle lui avait échappé l'été dernier. Alors, il nous avait demandé de l'oublier, si finalement nous écrivions un article sur lui. Est-ce qu'il est sûr ? « *Oui, oui, c'est bon, écrivez…* » Son défunt grand-père possédait une arme de collection qu'il ne prêtait à personne. Quand il a fallu partager l'héritage, le père de Kamel n'a pas bronché : il a laissé un vieil oncle emporter l'arme à feu. « *Je me suis mis à genoux devant mon père. Ils peuvent tout prendre, mais pas le fusil ! J'ai même pleuré. Mais mon père est trop respectueux et ne voulait pas faire de problème.* » Le menuisier veut absolument récupérer l'arme. C'est une obsession. Il jure sur ses aïeux y penser toutes les nuits.

Où Kamel retourne au pays (dans ses rêves)

Kamel est arrivé en Seine-Saint-Denis à l'automne 2012. Par amour. Sa femme, franco-algérienne, est originaire du même hameau que lui en Kabylie où elle passe des étés. Même s'il reste souvent à l'écart des autres, il lui plaît. Là-bas, ce fils d'éleveur est paysan, et dépanne, quand l'occasion se présente, sur les chantiers pour des travaux manuels en tous genres. La nuit, il se lance dans l'artisanat, en autodidacte. Il confectionne des cartouches pour tirer le gibier, en reproduisant le savoir-faire des anciens, qu'il a observés pendant des heures. Il prend des notes, tout le temps, quand il craint d'oublier un dosage, une méthode, un proverbe qu'il trouve joli. En France, ce gaillard au rire bref et soudain fabrique des chaises, des placards et des guitares sur son temps libre. Au début du Covid, un ami lui a dégoté un poste de menuisier en contrat à durée indéterminée, « *quand tout le monde avait peur de sortir de chez soi* ».

Kamel, qui roule le « r » d'Algérie, était réticent à quitter son terroir, malgré l'insistance de Linda. Il adore ses poules, sa grand-mère et ses vadrouilles dans les montagnes. Et puis, il y a un passif. Avant de rentrer au pays, son père a échoué à Paris dans les années 1970, où il a vécu un temps et lancé des petits commerces, qui ont tous coulé les uns après les autres. Mais cette fille est tenace : elle ne veut que lui. Il succombe et atterrit dans le 93, à 30 ans passés, tout près d'un métro qui met Paris à deux stations. Sa femme bosse et lui s'essaie très vite à des boulots précaires, entrecoupés de période de chômage – déménageur, maçon, vigile dans un supermarché. L'oisiveté le rend nerveux, autant que le béton. Au milieu des immeubles et des voitures garées à l'arrache sous sa fenêtre, il se sent à l'étroit. Son épouse lui fait visiter les monuments de la capitale pour lui changer les idées et l'impressionner. Rien à faire : il ne se sent pas à sa place.

Quelques mois après son arrivée en France, il décide de passer son permis de chasse – « *Eh, je devais m'occuper l'esprit, je me sentais enfermé.* » Le Berbère, mat de peau et costaud, découvre l'existence de salons spécialisés, où il peut s'inscrire gratuitement à l'examen. Un week-end, il se rend à l'un de ces événements, avec sa femme, pour remplir un formulaire. C'est à Rambouillet, à l'ouest de Paris, dans les Yvelines huppées et boisées. Dans la grande salle, il se fige. Derrière son épaule, il entend parler kabyle : « *Deux types se moquaient d'un autre avec un gros ventre. Quand ils ont compris que j'avais compris, ils se sont excusés de leur impolitesse. On a discuté un peu du pays. Je leur ai dit que je voulais chasser, mais que je ne connaissais personne. On a échangé nos numéros.* » Samir, l'un des deux taquins, deviendra l'un de ses meilleurs amis, et son binôme préféré en forêt. Ils sont différents. Physiquement déjà : Samir, silhouette et traits fins, a la peau très blanche. Et contrairement à Kamel, il chassait en famille au pays dans un milieu plutôt favorisé. Kamel obtient son permis de chasse en 2013, en même temps que sa femme. Elle se moque éperdument du gibier. C'est stratégique : *« Si l'Algérie nous autorise un jour à rentrer au pays avec nos fusils, on pourra en rapporter deux. »* Pour le plaisir d'avoir le choix, qu'il n'avait pas autrefois.

Un après-midi de septembre, calé devant son immeuble, le père de trois garçons nous montre le manuel sur lequel il a potassé l'examen. Avant de mimer très sérieusement son épouse avec une arme. C'est cet après-midi-là qu'il nous réclame que son prénom soit modifié – *« Pour ne pas avoir de problèmes, on ne sait jamais, d'accord ? »* Parce qu'il vient tout juste de nous lâcher *« une histoire bizarre »*. En Algérie, il a longtemps chassé clandestinement. En 1993, les autorités ont interdit aux citoyens de se balader armés, qu'importe le motif. Elles avaient d'ailleurs tenté de récupérer les fusils des paysans pour contrôler leur circulation et leur usage. Ce sont les premières années de la « décennie noire ». En 1991, le Front islamique du salut (FIS) remporte le premier tour des élections législatives, que le pouvoir algérien invalide. Les mois suivants, ses militants les plus radicaux prennent le maquis. Sous l'appellation de Groupe islamique armé (GIA), ils menacent et exécutent des représentants de l'État, à commencer par les forces de sécurité. En quelques mois, le pays bascule dans l'extrême violence et la guerre civile.

Les militaires tentent de venir à bout de dizaines de milliers d'islamistes armés, dont certains sont des vétérans de la première guerre d'Afghanistan. La terreur s'installe dans tout le pays : les civils deviennent les cibles régulières d'actes terroristes. Du chômeur à l'icône, personne n'est épargné. En 1994, Cheb Hasni, chanteur de raï populaire, est assassiné à Oran, dans l'ouest du pays – il sortait d'un café. En 1996, sept moines sont massacrés à Tibhirine, en périphérie d'Alger. Des faux barrages ensanglantent les routes. Des commandos déguisés en policiers ou en militaires mitraillent et égorgent des automobilistes. Les bois deviennent des terrains de bataille à éviter. La « décennie noire », qui s'achève au début des années 2000, coûte la vie à 150 000 Algériens. Au moins.

Dans le hameau de Kamel et ses alentours, l'armée est moins sur les dents. Le secteur est plus calme que d'autres zones de Kabylie. *« Même si on était inquiets et qu'il y avait des rumeurs, il n'y a pas eu de réels problèmes vers chez moi, donc on s'est adaptés, on ne faisait rien de mal dans le fond… »*, s'excuse presque le menuisier. Son groupe de chasseurs, qui comporte quelques notables, s'arrange avec des militaires du coin. Échange de bons procédés : dans un périmètre convenu, les chasseurs font leurs affaires le plus discrètement possible et avertissent les soldats s'ils remarquent quelque chose de louche dans les forêts.

Il n'y aura qu'une seule alerte, à la toute fin de la guerre civile – « *Un de nos chiens a été capturé et, plusieurs jours plus tard, on l'a retrouvé mort, accroché à un arbre. Mais comment savoir qui était le coupable ?* » L'état d'urgence ne sera levé qu'en 2011.

Avec le recul, le menuisier sait que sa passion aurait pu lui coûter cher : « *Comment aurais-je pu prouver à la justice que je faisais tout ça par amour de la forêt ? Je ne fabriquais pas mes cartouches par plaisir : c'est juste que c'était trop difficile de s'en procurer, et trop cher.* »

Cela fait trois ans que nous croisons Kamel, dont nous fréquentons le quartier. Ses habitudes sont immuables et son train-train, facile à retracer. Après le boulot, il gare son monospace dans le parking souterrain et monte chez lui. À part les jours de grand froid, il ressort en claquettes, marche à pas de loup vers la boulangerie et revient, une baguette sous le bras. Certains soirs, son visage rond apparaît quelques minutes sur le balcon. Il ne s'attarde jamais et ne se mêle pas trop au voisinage. La nuit, il se cale devant son ordinateur et discute jusque très tard sur Facebook avec d'autres chasseurs. Son fantasme tient dans une trinité : « *chasse-boulot-dodo* ».

C'en est presque devenu mécanique : dans chaque conversation, ses virées dans les bois finissent par s'inviter. Souvent, il tire son téléphone de sa poche pour montrer des photos et des vidéos. Lui en tenue sous un arbre, lui à côté d'un sanglier perforé par l'une de ses balles, lui en compagnie de Samir hilare, lui le nez dans sa gamelle après la battue, lui portant un chevreuil jusqu'au coffre de sa voiture.

« *On n'en discute pas entre nous. Il garde ça pour lui, et pour les copains* », témoigne sa femme. Un jeudi d'octobre, cette dame menue, énergique et bavarde, qui s'est habituée à notre présence, a voulu préciser un détail qui lui semblait important : « *Il m'a dit, seulement quelques mois avant le mariage, qu'il chassait.* »

Où un chasseur sait aussi ne pas chasser

Quand il a prévu une chasse, Kamel la fantasme comme un gamin comptant les nuits avant Noël. La veille, il prépare deux pantalons kaki, un bonnet et une casquette, une paire de bottes et des chaussures de montagne, un polaire et une parka. Tout est en double, « *au cas où* ». Il s'équipe chez Decathlon et chine les bonnes occasions sur Internet. Le Berbère joufflu est au courant des prix du marché, de la gourde en fer à l'arme à feu. Une nuit, il a hésité à réveiller sa femme, alors qu'il errait sur Le Bon Coin. Un fusil à 2 500 euros lui a tapé dans l'œil, car il ressemble à celui de son grand-père – « *Je voulais lui demander la permission, mais je n'ai pas osé: on ne va pas mettre deux fusils à la maison et ça pèserait sur le budget.* »

Dimanche 2 octobre 2022 a eu lieu une chasse particulière. Kamel a été invité par des « *copains* » – des connaissances lointaines de Samir – à une heure de route de chez lui. Les copains? Deux riches Kabyles, qui ont loué une parcelle de 90 hectares dans les bois. La pratique est courante et permet de choisir avec qui on tire. Ce duo d'hommes d'affaires partage un rêve d'union: connecter un maximum de chasseurs issus de cette même région d'Algérie, pour renforcer les liens de solidarité dans la communauté. Ce jour-là, Kamel se lève à l'aube. En sous-marin, il descend au parking souterrain pour charger ses affaires dans le coffre de son monospace – « *Je veux éviter les questions des voisins, ils vont trouver ça louche, un gars avec ma tête de Maghrébin, un fusil à la main.* » Ensuite, il remonte enquiller deux cafés allongés et des tartines sur son balcon. À 7 heures, il démarre, le front écrasé par une casquette et le torse confiné dans une veste polaire. Il roule vers la parcelle de terre en Seine-et-Marne, située sur la nationale 4, dans la lointaine banlieue verte de Paris. Tout au long du trajet, il observe depuis la route des bonshommes en quête de gibiers, garés en lisière des bois avec leurs gilets orange.

Vingt-trois Kabyles, un Tunisien et un Indien, de toutes les catégories sociales, ont été conviés. Finalement, ils ne sont que douze. La plupart ne

se connaissent pas – c'est un premier rencard – mais se font une bise complice. «*Les copains*» ont tout pris en charge. Ils ne réclament pas un centime et fournissent même le déjeuner. Une chasse *all inclusive* dans un département qui compte 140 000 hectares de forêt et où le sanglier ne se fixe aucune limite. En février 2022, un suidé est entré à Beauval, le plus grand quartier populaire de Meaux. À 1 heure du matin, il a foncé sur la porte d'un immeuble, avant de franchir un muret et d'entrer dans un appartement, dont la fenêtre était restée ouverte. La police a débarqué en masse et neutralisé la bête au fusil à pompe, comme un cambrioleur dans un film américain.

L'un des deux riches hôtes se charge de l'organisation de la battue. De qui sera posté où et quelle direction prendre. Il dépose la carte sur une longue table en bois en plein air et déroule ses directives. Kamel et Samir restent en retrait. L'excitation de départ s'est estompée au profit d'un début d'anarchie. Tout le monde donne son avis, en même temps. Le Tunisien se vante d'être un grand tireur. «*Normalement, on écoute celui qui mène la battue, ça se passe toujours comme ça. Mais pas cette fois, parce que c'est une première entre nous*», commente Kamel. Hic supplémentaire, le terrain de chasse loué n'a pas été entretenu: trop de hautes herbes et très peu de passages praticables. Le menuisier tente de nous introduire auprès de la troupe. Mais ses compères s'agacent, quand ils ne se ferment pas: tous à leur façon font comprendre que le sujet est intime. Pourquoi partageraient-ils ce qu'ils décrivent comme un moment de liberté, avec deux intrus qui ne chassent même pas?

Trois heure plus tard, les douze chasseurs rentrent bredouilles. Kamel souffle en souriant: «*J'ai tiré deux fois, raté un chevreuil. Les autres non plus n'ont*

rien eu. C'était difficile avec les herbes, on ne voyait rien. Mais tout le monde est heureux, on a bien parlé. Et c'est aussi un plaisir de ne pas tuer une bête. » Samir, lui, prend une voix solennelle : « *Quand on est en forêt, on parle de la Kabylie, du voisin là-bas qui a acheté une voiture et qui est revenu de France, du dinar. On évite la politique pour ne pas créer de problème.* » L'escouade ne traîne pas et déroule un festin sur la grande table en bois. Des figues sèches, des dattes, des galettes de pain à l'huile d'olive, des sandwichs au thon, des bricks au poulet et des boissons, alcoolisées ou non. Dans les conversations, il n'y a pas d'autre sujet que le pays et, dans l'air, d'autre parfum que la nostalgie. Kamel retourne de temps à autre en Algérie. Il ne reconnaît pas grand-chose et se sent en décalage avec ce qu'il a quitté, le souk et son hameau – « *Les gamins me disent à peine bonjour.* » Le menuisier aime répéter, au mot près, son anecdote favorite sur le temps qui passe : « *Même les discussions étaient mieux avant. Personne ne raconte plus les histoires comme les anciens. Si tu les entendais en Kabylie… Je me rappelle un repas, après un enterrement. J'étais encore jeune. Les vieux se sont mis à parler d'un moulin à eau, pièce par pièce, pendant une heure. On aurait dit qu'ils décortiquaient une notice, alors qu'ils ne savaient même pas lire. Ils le faisaient tellement bien que j'en avais oublié l'enterrement.* »

Kamel connaît sur le bout des doigts la nationale 4 qui l'a mené ici. En 2013, il a assuré un temps la sécurité d'un supermarché situé à la sortie de cette route, dans une banlieue pavillonnaire nichée à 50 kilomètres de Paris. C'est d'ailleurs à un client qu'il doit sa toute première chasse en France. Le Berbère l'avait très vite repéré dans les rayons, avec une plume de faisan sur son chapeau et des magazines spécialisés entre les mains. Un jour, il s'est présenté à cet homme âgé comme on balancerait une déclaration d'amour : « *Bonjour, je suis Maghrébin, je ne connais personne, je veux chasser, je suis chasseur, je sais tenir un fusil.* » Le vieil homme a d'abord fait mine de ne pas comprendre. Les jours qui ont suivi, l'Algérien a insisté, encore et encore. Il trépignait, d'autant que Samir, son nouvel ami, tardait à passer son permis. L'homme à la plume de faisan a fini par lui filer un rendez-vous en mode agent secret: *« Ce dimanche, à 11 heures, dans un lieu-dit où se trouve une croix de Jésus, et tu demandes "Patrick", il est au courant. »*

Il s'est rendu sur place, comme un enfant à la rentrée des classes, avec une tenue nouvelle. Des chasseurs sont arrivés par petites grappes. Kamel s'est présenté et mêlé à eux. Patrick, l'organisateur, a formé des groupes pour la matinée. Le Berbère s'est retrouvé dans une équipe de Gitans, qui l'ont invité, après la battue, à déjeuner dans leur camp. Il rejoue ce moment où il a déposé son fusil dans une caravane, chez des inconnus. Tout doucement, comme s'il mettait un bambin dans son parc.

Des caddies étaient retournés pour faire un barbecue de fortune avec des morceaux de sanglier: *« Moi, j'ai sorti ma gamelle. Tu vois, quand tu respectes les gens, ils te le rendent: ils auraient bien pu voler mon fusil. Mais il n'a pas bougé d'un millimètre. J'ai partagé avec eux des compotes de Franprix et des dattes que j'avais rapportées d'Algérie. Elles brillaient comme des billes! »*, se souvient le menuisier. À côté d'une caravane, il garde en mémoire la réplique d'une femme, qui l'a dévisagé et montré du doigt: *« Eh, mais ce n'est pas le vigile?! »* Kamel reviendra plusieurs dimanches au même endroit, à la même heure, à côté de la même croix. Petit à petit, il s'est constitué un réseau dans toutes les équipes. Et quelques mois plus tard, il a emmené Samir avec lui.

Où Kamel parvient à amadouer l'armurier

En finalisant ce récit, une question nous vient: *« Si tu ne devais garder qu'un souvenir de chasse, ce serait lequel? »* Ses enfants sont couchés. Kamel nous a de nouveau donné rendez-vous en bas de son immeuble, où des habitants se plaignent de squatteurs dans les parkings et envisagent des rondes pour les faire fuir. Il répond en même temps qu'il dit bonjour: *« Le chien d'un ami, au village, en Algérie. »* Didi, un croisé au poil gris et blanc qui s'arrêtait net quand il apercevait une perdrix. Qui restait avec les chasseurs jusqu'à la fin de la battue – *« Certains chiens se lassent vite, lui jamais. »* Avec ses mains, Kamel mime la scène de la récompense: Didi, à chaque sortie en forêt, avait droit à un bonbon au caramel au doux nom de « *Caprice* ». Il est mort d'une tumeur – *« Je pense toujours à lui. »* De son balcon de banlieue parisienne, Kamel a déjà aperçu la même silhouette au bout

d'une laisse. Il est alors descendu sans réfléchir pour aborder le propriétaire : « *Monsieur, vous chassez ? C'est un chien pour la chasse ?* » Mais le promeneur du chien n'a pas voulu répondre. C'était trop intrusif et, nous l'avons mesuré, on n'avoue pas cette passion au premier venu, comme si c'était une religion marginale.

En Algérie, chasser est de nouveau autorisé depuis 2020. Le gouvernement, qui administre 4 millions d'hectares de forêt, a lâché la bride pour des raisons pragmatiques : les années de sang ont favorisé la prolifération du sanglier, à l'abri des fusils. Comme en France, certaines régions se plaignent de ses dégâts. L'animal décime récoltes et clôtures. Depuis 1993, des dérogations pour des battues ont bien été promulguées. Mais c'est trop peu. Il y avait, avant la prohibition, 60 000 chasseurs et un million de fusils déclarés. Le pays, qui a délivré environ 15 000 nouveaux permis depuis deux ans, doit composer avec des problèmes qui ne se posaient plus. Par exemple, comment former les chasseurs, nouveaux ou anciens, après vingt-sept ans de vacance et les sensibiliser à la préservation de la faune ? Comment arrêter les braconniers, qui menacent la survie d'espèces comme le chardonneret élégant ou le loup ?

De temps à autre, Kamel flâne dans une armurerie parisienne. Les premiers contacts avec le taulier du magasin ont été compliqués. Le Berbère a commencé par l'interroger sur la législation concernant les exportations d'armes vers l'Algérie. Le commerçant l'a coupé net : « *En général, ce sont des terroristes qui posent ce genre de questions.* » Puis, ils se sont apprivoisés, au fil du temps. Une fois, le menuisier kabyle lui a décrit le fusil de son grand-père. Il ne connaît pas sa référence, mais peut décliner avec une précision presque effrayante les dimensions de son canon, les caractéristiques de la crosse, le mécanisme du chargeur. Comme s'il l'avait mis au monde. « *Que t'a répondu l'armurier ? Il a trouvé ?* », lui a-t-on demandé. Kamel a marqué une pause, le temps de chercher le bon sourire, à mi-chemin entre la fierté et la tristesse. « *Il m'a dit : “Mon garçon, va récupérer ce fusil.”* »

« Le sanglier a été désanimalisé »

Raphaël Mathevet, écologue et géographe, est directeur de recherches au CNRS. Il travaille, entre autres, sur la conservation de la biodiversité et a cosigné *Sangliers, géographies d'un animal politique*.

XXI Le sanglier est-il le mal aimé de la forêt ?
Les protecteurs de la nature parlent des cerfs, des chevreuils, des mouflons, des bouquetins, mais rarement du sanglier, comme si cet animal n'était plus une véritable composante de la biodiversité. Le sanglier a été effectivement « transformé » pour répondre aux besoins de la chasse dans les années 1970, quand le petit gibier – lièvres et lapins – a été victime de la modernisation de l'agriculture et de l'usage de certains produits sur les terres. À cette époque, il a été élevé et lâché pour être chassé, en conservant les jeunes reproducteurs et les reproductrices. Mais, depuis les années 2000, le sanglier est devenu un problème, en raison des dégâts croissants qu'il cause dans les champs. Il est même devenu un souci pour les chasseurs ! Leurs fédérations doivent dédommager les exploitants agricoles pour ses ravages à partir d'un certain seuil – c'est inscrit dans la loi de finances. Alors ils sont sommés de tuer toujours plus de sangliers. Ce qui ne correspond pas à l'essence même de la chasse.

Quelle est l'essence même de la chasse ?
L'animal doit avoir une chance de s'échapper et le chasseur, le choix de tirer ou de renoncer. Tuer en masse des animaux – 800 000 sangliers sont éliminés tous les ans – transforme les chasseurs en opérateurs de destruction de la faune dite « à problème ». Cela induit une forme de « désanimalisation » de cet être vivant, qui n'est plus respecté ni traité comme tel. Ce qui implique, depuis qu'il est considéré comme « un problème », d'abattre les marcassins et les femelles. Le sanglier est pourtant une espèce avec des facultés de vivacité et d'adaptation incroyables. Contrairement au chevreuil, il se défend. Il ne recule pas, il se bagarre contre les chiens. Historiquement, le tuer a toujours été un acte de combativité. Simplement, aujourd'hui, il dérange. Du fait de nos interventions multiples sur sa reproduction et son habitat, il n'est plus tout à fait sauvage sans pour autant être tout à fait domestique.

Que signifie ce terme de « régulation » ?
La possibilité de « réguler » signifie qu'il y aurait un état de référence sur lequel se fonder. Mais

NPL / OPALE.PHOTO

lequel ? Celui-ci diffère selon la capacité d'accueil des territoires. Avec le terme de « régulation », on nie l'individualité du sanglier. On ne questionne plus sa relation à la mort, à la douleur, son caractère propre et ses modes d'existence. L'envisager comme « une masse animale qui déborde » autorise sa destruction. Dans notre imaginaire, le sanglier est une espèce surabondante et banalisée – une espèce des pare-chocs, des bords de routes et des parties de chasse. La facilité serait d'accuser les chasseurs d'avoir joué aux apprentis sorciers en favorisant sa reproduction sans pouvoir désormais la contrôler. Or le « problème » est toujours multifactoriel. La forêt, qui fournit des fruits, progresse sur les versants escarpés et attire les animaux. Aussi, le changement climatique entraîne des hivers plus doux et une mortalité naturelle plus faible. C'est à prendre en compte dans la mobilité des bêtes. Autant que la crise des vocations et le manque de revenus dans certaines fédérations de chasse.

Quand le sanglier a-t-il été respecté ?
Quand il était rare, jusqu'à la Seconde Guerre mondiale. De grands naturalistes l'ont recherché pour l'observer, comme le Suisse Robert Hainard. Avant les années 1960, le sanglier était également convoité par les chasseurs, mais d'une autre manière. Il était le symbole du « sauvage ». Dans les années 1980 et 1990, il s'est banalisé du fait de sa démultiplication et du retour du loup, qui a, en quelque sorte, accaparé toute l'attention. Toujours est-il que la figure du sanglier a traversé l'histoire, et ce, depuis l'Antiquité. Dans la mythologie grecque, il était craint car envoyé par les déesses pour punir les villageois de l'insuffisance des prémices – des offrandes religieuses.

C'est aussi un animal de journaux, chroniqué chaque fois qu'il entre dans les villes.
Il n'a pas toujours été très éloigné de l'homme, en réalité. Au Moyen Âge, il s'approchait des fermes et des villages, s'accouplait avec les truies des élevages en semi-liberté. Pendant le confinement s'est popularisée une expression quand un animal apparaissait au milieu des immeubles : *« La nature s'invite en ville. »* C'est l'inverse, pourtant. Avec l'étalement urbain, bien souvent, c'est la ville qui s'invite dans les territoires des animaux sauvages et les campagnes.

PROPOS RECUEILLIS PAR RAMSÈS KEFI

Conseils de libraire

Librairie Le Bleuet à Banon (04), plus grande librairie indépendante en milieu rural

L'Algérie c'est beau comme l'Amérique
d'Olivia Burton et Mahi Grand
éd. Steinkis, 2015
Roman graphique passionnant dans lequel Olivia Burton, fille de pieds-noirs, voyage à travers l'Algérie, sur les traces de sa famille et de son histoire, liée à la grande histoire. Un road-trip émouvant, teinté d'humour, de Paris aux Aurès, en passant par Alger.

Battue
de Lilian Coquillaud et Marine Levéel
éd. Six pieds sous terre, 2020
Lorsque Camille décide de revenir dans sa région natale, elle croise le chemin d'un ami journaliste. Celui-ci la pousse à intégrer la « Grande Battue », un rituel initiatique de chasse d'un groupe politique obscur. Une BD de toute beauté.

Les Grands Cerfs
de Claudie Hunzinger
éd. Grasset, 2019
Dans les Vosges, l'autrice s'initie à la découverte des cerfs qui vivent tout près de chez elle. C'est Léo, jeune photographe passionné, qui l'entraîne à l'observation des plus beaux spécimens. Un roman sur les sentiments, la réalité humaine parfois difficile à accepter, et un hymne à la cause animale !

Leur Algérie
documentaire de Lina Soualem
2020
Après soixante ans de vie commune, les grands-parents de Lina, immigrés d'Algérie vivant à Thiers (Puy-de-Dôme), se séparent. La jeune réalisatrice tourne un film pour retracer leur vie : histoire d'un exil et d'une multitude de séparations douloureuses.

C'était
la dernière
balance

LONGTEMPS, CORSES ET MARSEILLAIS ONT TENU LE TRAFIC. LA COCAÏNE A REMPLACÉ L'HÉROÏNE. LE SHIT EST ARRIVÉ. LES RÉSEAUX SE SONT RAMIFIÉS. FINI LA FRENCH CONNECTION, SES BARONS ONT CHERCHÉ LA SORTIE. PARMI EUX, FRANÇOIS SCAPULA, A BEAUCOUP COLLABORÉ : TRAÎTRE OU REPENTI, C'EST SELON. AUJOURD'HUI ENCORE, LES TRAFIQUANTS DEVANCENT LES MUTATIONS DE LA SOCIÉTÉ. ET DU MARCHÉ. LES PETITES VILLES SONT INVESTIES. LIVRAISON À DOMICILE, CRYPTOMONNAIES, ET UN DEGRÉ DE VIOLENCE INÉGALÉ.
TANDIS QU'UNE PRÉOCCUPATION INATTENDUE S'INVITE DANS LA LUTTE CONTRE LE DEAL : PRÉSERVER L'ENVIRONNEMENT.

CHARLE
LA SAMARITAINE
FILEX
RIC
SAMA
LA SAMARITAINE
BA
POISSON
POISSONNERIE
E-CLUB
AUTOM

Scapula ne meurt jamais

VINGT ANS APRÈS SON ULTIME ÉVASION, L'ANCIEN BARON DE L'HÉROÏNE, FIGURE DE LA FRENCH CONNECTION ET BALANCE NOTOIRE, ALIMENTE ENCORE LES FANTASMES. MORT OU VIF ? CACHÉ SOUS UN NOUVEAU VISAGE ? PROTÉGÉ PAR LES ÉTATS-UNIS ? RÉCIT D'UNE ENQUÊTE PARTIE D'UNE INFO QUI N'AURAIT PAS DÛ CIRCULER.

Par Brendan Kemmet
Illustrations Antoine Moreau-Dusault

Difficile de savoir s'il porte ses habituels mocassins cirés. À la télé, ses chaussures sont floutées. Sans doute parce qu'elles pourraient permettre à d'autres détenus de l'identifier. Comme sa voix, légèrement modifiée. « *Le moins de gens me reconnaîtront, le mieux ça sera. Y en a certains, sûrement, qui veulent encore attenter à ma vie.* » L'homme qui s'exprime ce soir de 1998 sur France 2 depuis la prison semi-ouverte de Bellechasse, dans le canton de Fribourg en Suisse, est devenu la bête noire des trafiquants internationaux.

Tant du côté du Vieux-Port qu'outre-Atlantique, jusqu'en Sicile. Il s'est tellement épanché que sa tête est mise à prix, dit-on. Un contrat d'un million de dollars, glisse même un flic. Scapula a donné les noms de ses collègues, expliqué le fonctionnement des filières internationales d'héroïne, jusqu'à dénoncer les commanditaires de l'assassinat du juge Michel, en 1981 – des truands marseillais étaient impliqués. De quoi acquérir un statut quasi légendaire dans le « milieu » et un surnom qui a fait la une des quotidiens : « Scapu la balance ». Les journalistes de la chaîne publique n'hésitent d'ailleurs pas à le présenter dans cette interview « exclusive » comme « *condamné à mort par la mafia* ». L'homme assume : « *Y en a qui disent "balance", ça ne me gêne plus. Disons "repenti", c'est plus à la mode, ou "collaborateur de justice", ça n'a pas beaucoup d'importance.* » L'important pour Scapula, c'est le message qu'il veut faire passer. D'abord aux Américains. « *Je savais qu'ils avaient une loi sur les repentis. Je savais qu'ils tenaient leur parole* », confie-t-il aux envoyés spéciaux de France 2, devant lesquels il apparaît agité, gesticulant parfois, mais le regard toujours perçant, à travers le trou de sa cagoule qui ne laisse voir que ses yeux clairs, tirant sur le vert, et un sourcil fourni.

Ce soir-là à la télé, l'un des derniers barons de la French Connection joue le tout pour le tout. Lui qui a été un pionnier du trafic moderne de stupéfiants, diversifiant l'approvisionnement, surfant sur la mondialisation des réseaux, vivant de continent en continent, d'avions longs courriers en hôtels de luxe, de la jungle birmane aux plages de Floride, se voit rattrapé par sa seconde partie de carrière. Celle d'acteur essentiel du très sensible lien entre la justice et les informateurs en France, bien avant que ne soit créé, en 2004, le statut de repenti dans l'Hexagone. D'où sa demande d'asile faite aux Américains par petit écran interposé. Ils lui doivent bien ça : si Scapula est précieux pour les Français, il l'est aussi et surtout pour les « stups » outre-Atlantique. Dans les années 1980, il a balancé des gros bonnets de la mafia new-yorkaise, mettant en cause la puissante famille Genovese, et éventé un laboratoire d'héro installé au cœur de l'Arizona. Une première sur le sol américain. Or, aux États-Unis, le statut de repenti a une existence juridique depuis 1970. Il permet de protéger des témoins essentiels dans des affaires de crime organisé en leur accordant l'immunité et une nouvelle identité pour eux et leurs proches. Pas moins de dix-neuf mille personnes en ont bénéficié en un demi-siècle.

Deux ans après cette surréaliste interview télévisée tournée en prison, François Scapula disparaît sans laisser de traces. Sa nouvelle identité comme son adresse restent des secrets bien gardés. Est-il seulement encore en vie ? Des informations discordantes circulent dans les milieux policiers, judiciaires et parmi les malfrats. L'homme en question aurait aujourd'hui 77 ans. Il vivrait une autre vie aux États-Unis, selon certaines sources. D'autres le disent en Europe. Une indiscrétion policière nous a mis sur une autre piste. Nous avons mené l'enquête. Une enquête

Scapula a donné les noms de ses collègues et dévoilé les dessous des filières internationales d'héroïne. De quoi acquérir un surnom qui fait la une des quotidiens : « Scapu la Balance ».

En cette fin des années 1960, les stupéfiants sont en plein boum, avec des trafiquants millionnaires, souvent des Corses vieillissants, qui surfent sur la réputation de Marseille aux États-Unis.

sur les petits arrangements entre police et justice, et la plus ou moins grande hypocrisie qui encadre en France la possibilité de trahir... ou de se repentir.

Quand j'ai commencé cette traque l'an dernier, j'avais entendu parler de Scapula à plusieurs reprises. Depuis plus de vingt ans, j'arpente les allées du grand banditisme français, de Paris à Marseille : « le Brun », son surnom, fait partie des personnages un peu mythiques du milieu. Un homme charismatique, flamboyant, ténébreux. Toujours cette aura. De l'élégance. « *Un jeune premier du cinéma italien* », un « *beau garçon* », « *drôle, séduisant, genre "latin lover"* », ont dit de lui les journaux. Et du mystère. « *Après sa dernière disparition, on n'en a plus jamais entendu parler* », commente un vétéran du milieu phocéen, là où Scapula est devenu un traître absolu aux yeux de ses pairs.

Début de carrière dans la cambriole

François, dit « Francis », un diminutif prisé dans le Marseille de l'après-guerre, fait partie de la dernière génération des trafiquants phocéens de la « blanche ». Celle née à Endoume, en contrebas de la Bonne Mère, sur les pentes qui mènent jusqu'à la plage des Catalans et au si typique vallon des Auffes, le petit port niché sous la Corniche qui n'a pas encore reçu, au moment de l'enfance de Scapula, le nom du président Kennedy. C'est un des cent villages de la ville, avec ses petits immeubles et ses rues biscornues sauvées de l'alignement haussmannien. « *Ici, il y a tout un milieu de jeunes qui, dans les années 1960, s'est spécialisé dans la cambriole* », témoigne Émile Diaz, dit Milou, de la même génération que Francis. Lui n'a pas trahi mais s'est reconverti, et répond volontiers aux journalistes. « *Ces jeunes se partageaient la France, et allaient faire des casses ou des braquages aussi loin qu'en Normandie ou en Savoie* », poursuit l'actif retraité. À Endoume, Scapula rencontre le complice de ses jeunes années, François Girard, de trois ans son cadet. Girard, dit « le Blond », celui-là même qui, vingt ans plus tard, a, pour la justice, ordonné la mort du juge Michel et que Scapula balancera. Son alter ego dans la délinquance. Le Brun et le Blond, « *les deux inséparables* ». À la vie, à la mort, pendant longtemps. Spécialisés eux aussi dans les vols et les casses, du moins en début de carrière, avant de se lancer dans la drogue.

En cette fin des années 1960, les stupéfiants sont en plein boum, avec des trafiquants millionnaires, bien souvent des Corses vieillissants, qui surfent sur la réputation de Marseille aux États-Unis : la ville est reconnue pour sa production d'héroïne d'une grande pureté. Ils ne le savent pas encore, mais c'est bientôt la fin de cette époque dorée. Corses et Marseillais tiennent le marché depuis les années 1930, bénéficiant d'un réseau fourni de correspondants à travers le monde – recrutés parmi les employés des administrations au temps de l'empire colonial français – mais aussi de la place stratégique de Marseille et son port, point d'entrée de l'Afrique et de l'Orient en France.

Jusque-là, l'opium importé d'Asie se consommait pur. Désormais, l'héroïne, qui en est un dérivé, prend le pas. Et permet des profits phénoménaux. Quelques chimistes se transmettent leur savoir-faire dans sa transformation. Et si les trafiquants naissent à Endoume ou à la Belle-de-Mai, ils investissent en grandissant dans le quartier de l'Opéra et ses discothèques. Milou le reconverti a monté un « Gangster Tour » à travers l'ancien Marseille mal famé, au cours duquel il colporte la mythologie des bandits de la côte. L'Opéra est une étape obligatoire dans son circuit touristique, même si, aujourd'hui, les magasins de luxe ont tendance à y remplacer les bars de voyous, et les fringues haut de gamme, les entraîneuses.

Scapula, lui, gagne la capitale. « *Il aimait beaucoup Paris. Comme c'est un beau parleur, il passait bien* », persifle un autre Marseillais qui l'a bien connu. Francis ne tarde pas à rencontrer tout le gotha du milieu. Il fréquente des bars interlopes, L'Orphéon, près de la Mutualité, et le Club des Corses, boulevard de Picpus, d'où partent vers les States les acheminements d'un autre Marseillais, Jo Signoli, associé à André Labay, producteur de cinéma à ses heures et, d'après ses dires, ancien du SDECE, l'ancêtre de la DGSE, les services de renseignements français. Un attelage condamné pour avoir exporté 732 kilos de blanche, dans des voitures spécialement aménagées avec des caches, et qui jouirait de certaines protections de la part des services secrets français. Un des gros réseaux de l'époque, parmi des dizaines d'autres.

Le Brun y fait ses gammes et joue les recruteurs de passeurs d'héroïne vers New York. C'est lui qui embauche un certain Richard Berdin, fraîchement sorti de Fresnes, et qui deviendra une des toutes premières balances de la French Connection,

À Paris, le Brun fait ses gammes. C'est lui qui embauche un certain Richard Berdin, fraîchement sorti de Fresnes, et qui deviendra une des toutes premières balances de la French Connection.

arrêté à New York à l'automne 1971, chargé de 82 kilos d'héroïne. « *Dès sa libération, la mafia le poursuit. Pour échapper à sa vengeance, Berdin passe des mois en clinique et doit changer de visage*, lit-on dans la présentation des Mémoires de Berdin, alors qu'il mène une nouvelle vie en Amérique. *C'est le prix de sa liberté. Une liberté sur laquelle plane à chaque instant la menace d'une mort violente.* » De quoi inspirer Scapula plus tard ?

Dans le livre qui en a été tiré, *Nom de code : Richard*, Berdin le décrit : « *François (le Brun) âgé d'environ 25 ans, avec son physique de jeune premier, ses longs cheveux châtains et son beau visage innocent, ne correspondait certes pas à l'idée qu'on se fait d'un jeune malfrat [...] Il avait plusieurs filles qui travaillaient pour lui et lui assuraient des revenus substantiels.* » Berdin raconte aussi que Scapula l'a présenté à Francis le Belge, jeune caïd marseillais en pleine ascension. La rencontre a lieu chez Jacky,

son coiffeur, rue Fontaine à Pigalle, qui sert d'agence de placement pour les passeurs de drogue. « *Leur élégance à tous me frappa*, écrit Berdin. *Ils parlaient et gesticulaient avec véhémence, leurs principaux sujets de conversation ne variaient guère : bagnoles, gonzesses, bouffe, beau linge… Pendant les jours qui suivirent, François Scapula, visiblement impressionné par les gars que nous avions rencontrés, ne cessa de parler de trafic de drogue.* » Les confidences américaines de ce mouchard font tomber le Brun avec ce petit monde expatrié à Paris. Au procès de la filière Labay-Signoli en 1972, Scapula s'en sort bien. Très bien même. Alors que le Belge prend quatorze ans, lui s'en tire avec seulement cinq. « *Il a prétendu que c'était parce qu'il avait été arrêté avant la loi qui a changé entre-temps et, qu'à deux heures près, il prenait vingt ans… Ça, c'est un truc de condé, quoi* », croit savoir Milou. À mots couverts, l'ancien trafiquant marseillais se demande si, déjà, Scapula n'est pas de mèche avec certains policiers, pour expliquer la clémence dont il a bénéficié. C'est dire que le Brun a toujours eu une réputation sulfureuse auprès de ses pairs.

À tel point qu'il est difficile, même trois décennies après, de faire parler sur l'homme disparu. En fuite ? Enterré ? Il reste peu de traces de lui à Marseille ou Paris. Il y a longtemps que sa famille a fermé boutique, quartier Saint-Giniez, dans le 8e arrondissement de la cité phocéenne. Elle tenait une modeste épicerie au bas d'un petit immeuble de deux étages, tout près du stade Vélodrome, où l'on trouvait savons, fruits, vins et « boissons hygiéniques ». À sa place, un restaurant asiatique. Ses sœurs habitent encore le quartier. C'est là qu'elles ont grandi avec Francis, leur père, corse, ancien militaire, et leur mère, italienne, qui serait aujourd'hui centenaire. Elles ont refusé mes demandes d'interview.

Est-il seulement repassé les voir à ses sorties de prison ? Quand il est libéré au mitan des années 1970 après avoir été balancé par Berdin, Scapula file à Milan, au contact d'une bande calabraise, se remet dans l'héroïne et touche à la cocaïne qui ne vaut encore pas grand-chose. « *C'est un grand voyageur. Quand il est grillé dans un pays, il va dans un autre… Il part au bout du monde* », lâche un ami de jeunesse, l'un des seuls à avoir accepté de le raconter. Je le rencontre dans un parc en périphérie de Marseille, sur un banc, au milieu d'une pelouse, à l'abri des oreilles.

Il se fait appeler Robert ou Freddie

Pendant deux heures, nous évoquons la vie de la « *balance* », qu'il n'hésite pas à traiter aussi d'escroc compulsif et d'embobineur. « *Dès qu'il était en garde à vue, c'est simple, il s'affalait.* » En clair, il parlait. Infréquentable à Paris puis à Milan, Scapula se mue en globe-trotter. Bahamas, Canada, Mexique, Liban, Thaïlande, Inde, Pakistan, Espagne, Chypre, Égypte, États-Unis… Un vrai catalogue d'agence de voyage. Businessman international, à l'affût du moindre coup, il se fait appeler

Au procès de la filière Labay-Signoli, le Belge prend quatorze ans. Scapula, lui, s'en sort bien. Très bien même, avec seulement cinq ans. « Un truc de condé », croit savoir Milou.

La France collabore activement avec la DEA, échange des infos, crée une brigade des stupéfiants à Marseille, renforcée par des flics parisiens chevronnés, réputés incorruptibles.

« Robert », « Freddie », « Roger », rapportent Éric Pelletier et Jean-Marie Pontaut dans leur livre *Qui a tué le juge Michel ?*.

Le trafiquant aux mocassins cirés et aux costumes italiens recherche tous azimuts de nouveaux approvisionnements en gros de blanche depuis que la filière turque s'est tarie et depuis l'arrêt officiel de la production d'opium. En ce milieu des *seventies*, il y a pénurie d'héroïne-base à Marseille, la pâte qui est traitée pour obtenir le produit final. Quelques kilos par-ci et des petits laboratoires exsangues par-là. Des places sont à prendre pour la nouvelle génération, celle du baby-boom. Les principaux importateurs sont en prison. Il faut se réinventer, voyager encore et encore. Délocaliser les labos, sous les coups de boutoir de la police judiciaire française, largement épaulée par les stups américains, la DEA, la Drug Enforcement Administration, et ses moyens démesurés. Depuis la présidence Nixon, en effet, tout a changé. Les chimistes et financiers se voient désormais condamnés à des peines à deux chiffres, plus de vingt années pour les récidivistes. La France collabore activement, échange des infos, crée une brigade des stupéfiants à Marseille, renforcée par des flics parisiens chevronnés, réputés incorruptibles. Et Scapula de s'exposer aux regards des agents spéciaux de la DEA. Le voilà « *mis en attention* », comme disent les stups français.

Durant l'été 1976, les Américains sont à ses trousses et le savent en Thaïlande. « *Il apprenait aux Thaïlandais à tourner l'héroïne* [transformer la morphine-base en y ajoutant différents produits chimiques puis mélanger le tout telle une subtile mayonnaise, ndlr], *alors que lui-même ne savait pas vraiment le faire* », s'étonne un trafiquant au crâne dégarni, lui aussi officiellement rangé des voitures. Pour parler de Scapula, il me reçoit dans un PMU sans prétention proche de la rocade de Marseille où se croisent quelques anciens à l'heure du tiercé.

Les agents de la DEA attendent le retour du Brun à Paris où ils ont préparé un dispositif de surveillance. Mais les policiers de Bangkok le contrôlent avec 9 kilos de morphine-base. Arrestation temporaire. Le Marseillais passe par une fenêtre. « *Il s'est évadé* », raconte l'ex-voyou, accoudé à un zinc surmonté de pompes à bière, dont l'une délivre une blanche ironiquement appelée « French Connection »... Ça ne s'invente pas. « *Il a sauté du troisième étage de l'aéroport. Il s'est cassé la cheville.* » Francis gagne la jungle et la frontière birmane, à l'endroit même où il s'est fourni en opium. À un policier, le Brun confiera plus tard y avoir été « *bouffé par les moustiques* » au point de ne presque plus pouvoir ouvrir les yeux. Selon une indiscrétion, ce sont le Blond, son vieux complice, et le docteur Bousquet, pédiatre dévoyé devenu trafiquant, qui le tirent de ce mauvais pas. La DEA perd de vue Scapula.

Les services américains devraient le savoir : la fuite et la cavale sont une autre spécialité du Brun. C'est ce que racontent ceux qui l'ont connu. Son côté spectaculaire, ultraculotté. Comme ce jour de la fin des années 1970 à Paris, narré par le truculent Milou, en marge de son Gangster Tour qui s'achève par la signature de sa biographie dans un restaurant jadis propriété du parrain Tany Zampa : « *Scapula rend*

“

Y en a qui disent “balance”. Disons “repenti”, c’est plus à la mode.

”

visite à un gars avec qui il fait du sport au bois de Vincennes, sans savoir que celui-ci vient d'être tué. Il tombe nez à nez avec les policiers en pleine perquisition. Les flics lui demandent: "Qu'est-ce que vous faites là?" Il répond: "Je suis journaliste." Il avait une fausse carte de "L'Express". Il a pu repartir…» Un autre jour, toujours à Paris, en voiture, le Brun se retrouve bloqué par un barrage de police. *«Il fonce sur les condés, tête-à-queue, il monte sur le trottoir, et s'arrache. Il a du cran. Ça a beaucoup joué pour sa réputation.»*

Fin août 1980, la «French-Sicilian Connection» est démantelée. Milou en faisait partie. Scapula aussi. Un laboratoire d'héroïne près de Palerme a été découvert. Aux fourneaux, le bon docteur Bousquet, qui pouvait produire une demi-tonne par mois. Avant que la collaboration entre la justice italienne et un jeune magistrat intrépide de Marseille, Pierre Michel, y mette fin. Le juge d'instruction ne va pas tarder à accrocher un associé, François Girard, dans le même dossier, sans imaginer que c'est sa vie qu'il joue. Le Brun écope de vingt-deux ans de prison, en son absence.

Un free-lance qui traite avec la mafia

Traqué, «Francis» s'en sort à chaque fois. Il vit entre la Suisse et Madrid. Un magistrat me le décrit comme un «free-lance», qui travaille pour des voyous corses, comme le très influent Paul Mondoloni, un rescapé de la French basé à Marseille et homme de confiance d'un élu gaulliste de l'île de Beauté. Ces clients investissent à plusieurs, par l'entremise de Scapula, dans l'achat d'héroïne que ce dernier négocie en direct avec la mafia new-yorkaise. Moyennant bien sûr un généreux pourcentage au passage, puisque c'est lui qui prend tous les risques en transformant la drogue et en lui faisant passer les frontières.

L'ancien minot d'Endoume brasse des fortunes. Forcément, les Américains le «rebectent», comme disent les flics français, au début de l'année 1984, huit ans après leur première surveillance. Le fugitif est repéré en Espagne. *«Nous apprenons qu'il est sur le point d'envoyer un associé pour récupérer de l'argent de gangsters italiens basés en Floride et à New York»*, détaille un ancien de la DEA passé par son antenne française. Cet amateur de vins de Bordeaux, aujourd'hui replié au Texas, a suivi de près la carrière du Marseillais, retombant encore et encore sur lui au gré de ses affectations à travers le monde. Sa mémoire est intacte, même s'il prétend le contraire au bar de l'hôtel parisien où il est descendu avec son épouse, en vacances. Nous l'appellerons «Bob», car malgré les années et sa retraite, il répugne à dévoiler trop d'informations sur des affaires encore sensibles. Peut-être à cause de techniques parfois à la limite de la légalité qu'il a utilisées avec ses collègues dans certains pays. Comme l'infiltration ou la sonorisation, bien avant que cela ne soit autorisé en France. La DEA, par son implantation dans le monde, ses moyens quasi illimités et son fonctionnement secret, est souvent considérée comme une

Bob, ancien de la DEA, amateur de vins de Bordeaux aujourd'hui replié au Texas, a suivi de près la carrière du Marseillais, retombant encore et encore sur lui au gré de ses affectations à travers le monde.

Selon la légende colportée dans le milieu, Fatima, la compagne de Scapula, fut plusieurs fois mariée. Elle aurait fréquenté le roi Juan Carlos d'Espagne et un acteur vedette du cinéma français.

agence de renseignements à part entière, plus qu'un simple service de police spécialisé dans la répression du trafic de drogue.

Chemise en lin et chapeau de paille, Bob, un mélange de Tom Wolfe et de Gene Hackman, a adoré travailler en France – « *les meilleures années de ma carrière* » – et traquer les « Frenchies ». À l'époque, ses collègues et lui savent que, pour Scapula et ses congénères, rapatrier l'argent des États-Unis est une phase ultrarisquée du trafic. Ils attendent donc son « courrier » de pied ferme à Miami, en janvier 1985. Et, surprise, c'est une femme… Fatima Dos Santos Nobre, une Portugaise de 33 ans aux cheveux auburn. La compagne de Scapula. « *C'était une très belle femme, grande et distinguée* », décrit Bob, encore sous le charme. Selon la légende colportée dans le milieu, Fatima, plusieurs fois mariée, aurait fréquenté le roi Juan Carlos d'Espagne et un acteur vedette du cinéma français – Alain Delon.

« *La deuxième fois où elle est venue chercher de l'argent aux États-Unis, en mars 1985, elle a de nouveau atterri à Miami et, cette fois, nous avons pu identifier le membre de la mafia qu'elle venait rencontrer, Ernie Benevento. C'est lui qui l'avait déjà accueillie deux mois plus tôt*, poursuit Bob. *L'homme avait une valise, qu'il a montée dans la chambre d'hôtel de la visiteuse. Quand femme et valise sont reparties, après l'enregistrement à l'aéroport, nous avons ouvert le bagage. Dans une cache, il y avait plus de 400 000 dollars, que nous avons saisis. Puis nous avons mis la valise sur un autre vol. Fatima l'a récupérée vide, le lendemain en Suisse. Nous l'avons vue téléphoner à Scapula, visiblement contrariée, craignant que la police ne soit sur son dos. Il l'a rassurée en lui disant que ce devait plutôt être un bagagiste qui avait dû se trouver chanceux* », s'amuse encore Bob. Lourde erreur du Brun.

« Le retour de la French Connection » : l'ancien de la DEA se souvient de la une de *Newsweek* de l'époque. Avec un dessin représentant un Scapula plus vrai que nature en pleine confection d'héroïne. La « joint-venture » corso-marseillaise « *importait 100 kilos de morphine via les Antilles françaises, puis Miami, d'où elle les convoyait en voiture jusqu'en Arizona, dans un ranch de Chandler, près de Phoenix* », raconte Bob, encore très précis. La drogue était ensuite acheminée à New York pour être vendue au détail, presque un anachronisme. Il s'agissait en réalité des derniers soubresauts du trafic d'héroïne outre-Atlantique, alors que la cocaïne sud-américaine était en train d'y exploser et le « sniff », de supplanter le « shoot ».

Le prix de l'immunité

Pour Scapula aussi c'est la fin d'une époque. Fatima, son agente de liaison et amante, ne tarde pas à tomber et à devenir un témoin à charge contre la mafia. Elle signe avec la justice américaine un accord de coopération. Le prix de l'immunité. Depuis, personne n'a entendu parler d'elle. La belle Portugaise pourrait avoir rejoint Scapula en Suisse pendant un temps, alors qu'il y était emprisonné depuis novembre 1985.

DEPARTURES

«Je m'appelle François Scapula, fils d'Ange Scapula. Je suis prêt à dire tout ce que je sais.» Il est 20 h 30 ce 1er mai 1986, et Scapula «s'allonge», sur procès-verbal. Un juge français est venu l'interroger dans sa prison suisse sur l'assassinat du juge Michel en octobre 1981, tombé sous les balles de deux tueurs à moto, à Marseille, à hauteur de la Cité radieuse de Le Corbusier. Le crime défraie la chronique: un magistrat assassiné en France, c'est une affaire d'État. Toutes les polices sont mobilisées pour la résoudre. Mais l'enquête patine.

Le Brun sait que son chimiste, Wiesgrill, alias «l'Hybride», tombé avec lui lors du démantèlement d'un labo d'héroïne près de Fribourg, a donné des détails sur la mort du juge. Mais quand Scapula se met à table, les assassins courent encore et les commanditaires n'ont pas été identifiés. Wiesgrill n'a pas ces infos, et Scapula en sait long sur eux. Il «donne» le chauffeur de la Honda Bol d'or rouge qui suivait le juge Michel, Charles Altieri – dit Lolo –, également présent au labo suisse des Paccots près de Fribourg, et François Checchi, le tireur, autre membre de la bande d'Endoume. Puis il passe aux donneurs d'ordre, Homère Filippi, voyou installé et proche du parrain Tany Zampa. Et François Girard, son ami. *«Il dit même: "Maintenant je vais balancer mon frère"»*, rapporte Milou, qui a côtoyé en prison des familiers de l'affaire – quatorze ans derrière les barreaux. Lui-même s'est également retrouvé suspecté un temps, car il était associé au docteur Bousquet, partenaire d'affaires de Girard et Scapula. Le Brun déballe tout. Sans remords apparents. *«Je savais que c'était possible de faire le minimum de prison. Lorsque vous avez plus de quarante ans de prison sur le dos, plusieurs affaires dans plusieurs pays, on vient vous proposer d'être libre rapidement et de refaire votre vie sous une autre identité»*, se justifiera-t-il sur France 2 lors de sa fameuse interview cagoulée.

«Il a fait quelque chose que peu de voyous ont fait, s'énerve l'ex-trafiquant amateur de courses de chevaux. *Balancer en garde à vue des concurrents, ou même des complices pour se sortir d'une situation délicate, ça s'est vu. C'est une monnaie d'échange et ça ne laisse pas de trace. Mais faire des confidences sur PV et signer de son nom, c'est du jamais-vu. Ça revient à signer son arrêt de mort…»* En Suisse, Francis le Brun risque vingt ans derrière les barreaux. Et autant en France. Il faut dire que le trafic a évolué: ici aussi, l'héro, c'est fini. Ici aussi, la cocaïne arrive, par le milieu de la nuit. D'anciens braqueurs, ceux qui tapaient les banques, se sont reconvertis dans le cannabis et inondent les cités depuis la Costa Del Sol, en Espagne. Scapula en a-t-il eu assez? Cela fait vingt ans qu'il joue à cache-cache avec la police et la justice. Il s'est grillé avec beaucoup de monde. À trop souvent échapper aux flics, on en devient suspect.

Alors la *«balance»* se fait intarissable. Le caïd marseillais Francis le Belge va à son tour en faire les frais. Le 10 mai 1990, une confrontation a lieu à Bonneville, en Haute-Savoie. Scapula arrive de Suisse en hélicoptère. Ambiance tendue. Le Brun accuse le Belge d'avoir fourni une vingtaine de kilos de blanche aux Américains depuis

« Je m'appelle François Scapula, fils d'Ange Scapula. Je suis prêt à dire tout ce que je sais. » Il est 20 h 30 ce 1er mai 1986. Le Brun, interrogé sur l'assassinat du juge Michel, « s'allonge » sur procès-verbal.

« Lorsque vous avez plus de quarante ans de prison sur le dos, plusieurs affaires dans plusieurs pays, on vient vous proposer d'être libre et de refaire votre vie sous une autre identité. »

FRANÇOIS SCAPULA EN 1998 SUR FRANCE 2

Ibiza. Un témoin se souvient. *« Ils ne se sont pas insultés, mais le Belge disait à Scapula: "Tu mens." Et celui-ci répondait calmement: "Pas du tout. D'ailleurs, tu as fait ci et ça".»* J'ai rencontré ce témoin il y a quelques mois, à l'heure de l'apéritif. Il est arrivé en tenue décontractée, pull col en V passe-partout, au rendez-vous qu'il avait fixé dans un endroit discret, un café parisien, pour touristes, au quartier Latin. Il a quand même voulu changer de place, parce qu'il nous trouvait trop proches de la table voisine. Il a pris un thé et grignoté les biscuits salés qui accompagnaient mon Perrier citron, tout en s'excusant. Quand les touristes italiens qui nous entouraient sont partis, il a baissé la voix et dévisagé un couple assis un peu plus loin, à portée d'oreille. Il n'avait jamais parlé ouvertement de Scapula. La statue de la « *balance* » ne s'en est cependant pas trouvée très effritée: notre témoin a trouvé Scapula « *très intelligent, beaucoup plus que le Belge* ».

Le problème, c'est qu'en échange des confidences de la « *balance* » les Français n'ont pas grand-chose à lui proposer. Aujourd'hui et depuis 2014, la Commission nationale de protection et de réinsertion (CNPR) gère les repentis à la française dont le statut est inscrit dans les lois Perben – Scapula aura finalement permis d'ouvrir un débat au sein de l'institution judiciaire. Riche d'un budget de 500 000 euros, elle peut, contre des informations capitales, octroyer des réductions de peine à des « collaborateurs de justice » – c'est le terme officiel –, de nouvelles identités, une protection. Pour cela, et contrairement aux Américains, le repenti ne doit pas avoir commis un crime ou un délit plus important que celui qu'il dénonce. Une exigence qui empêche sans doute de « retourner » des voyous hauts placés. En France, seule une poignée de personnes a bénéficié du statut officiel de repenti, la plupart dans des affaires de banditisme corse. Ainsi en est-il pour l'homme qui a dénoncé les assassins présumés de l'avocat Antoine Sollacaro, tué par balle en 2012 à Ajaccio, et que la cour d'assises d'Aix-en-Provence doit juger en 2023. Mais à la différence de Scapula, c'est un second couteau.

Bichonné par les Américains

À la grande époque du Brun, entre 1986 et 2014, rien de tel n'existe. Les Italiens ont lancé à la fin des années 1970 un programme de repentis, d'abord pour le terrorisme puis étendu à la mafia. En 1983, le juge Falcone, correspondant du juge Michel en Italie, a retourné Tommaso Buscetta, le cas le plus célèbre, et recueilli ses confidences sur Cosa Nostra dont le Sicilien décrit le fonctionnement et dénonce des centaines de membres. Le mafieux va également être prêté aux Américains. « *En Italie au même moment, ils donnaient 3 millions de lires aux repentis. Donc les gens se mettaient à table, quitte à raconter des choses qu'ils avaient lues dans les journaux* », s'indigne Milou, peu convaincu des connaissances de Scapula sur la mafia américaine alors que les Français pensent avoir trouvé en lui leur Buscetta.

Sans être dupes du rôle joué par le Brun dans l'assassinat du juge Michel – courroie de transmission entre Girard, incarcéré, et l'équipe des tueurs qu'il connaissait bien –, policiers et magistrats hexagonaux aimeraient le faire parler davantage, mais n'en ont pas les moyens. Côté américain, c'est une autre histoire. Scapula est bichonné par les agents de la DEA qui viennent le débriefer dans sa prison suisse pour le labo de Phoenix. Ils le font venir à New York en première classe, afin d'officialiser son témoignage devant la justice.

Les interrogatoires durent trois semaines. « *Plus tu leur dis des conneries, aux Américains, plus ils sont contents*, ironise Milou, attablé dans l'ancien café du parrain Tany Zampa, rue Haxo, près de l'opéra de Marseille. *Scapula a dû se régaler ! Les Américains, ils ont les oreilles grandes ouvertes, ils ne recoupent rien...* » Un avis bien tranché face à une DEA qui n'en a pas moins fait tomber une grande partie de ses anciens « collègues ». Lorsque le procès des assassins du juge Michel s'ouvre en 1988, à Aix-en-Provence, le Bordelais Pierre Blazy est l'avocat de François Girard. « *Jusqu'au bout, mon client a protesté de son innocence et a pensé que Scapula viendrait à la barre dire la vérité. Il n'est jamais venu... Scapula a été protégé et blanchi*, s'indigne l'avocat. *Il y a eu un pacte avec la justice. On a demandé pendant tout le procès qu'il vienne témoigner, mais la Suisse s'y est opposée, sans doute sur demande des Américains. Scapula n'avait pas envie d'être confronté à Girard.* » Le Blond est condamné à la perpétuité, comme le tueur, François Checchi, et le pilote, Lolo Altieri. Scapula n'est pas même inquiété.

A-t-il été protégé par les Américains ? Au point d'être exfiltré sur leur sol dans les années 2000 ? Cela ne pouvait en tout cas se faire publiquement, car la France n'a jamais voulu lâcher du lest sur la « *balance* », condamné ici à deux longues peines non purgées. « *Il a pu partir de Suisse sans être*

Au procès des assassins du juge Michel, « jusqu'au bout, mon client a protesté de son innocence et a pensé que Scapula viendrait à la barre dire la vérité. Il n'est jamais venu. Il a été protégé et blanchi ».

PIERRE BLAZY AVOCAT DU « BLOND »

arrêté. J'ai été un peu surpris du régime dont il a bénéficié », euphémise en tout cas Me Blazy.

« *Il a disparu corps et bien, on n'a plus rien entendu de ce mec*, insiste Milou, pourtant bien informé des dessous d'un petit monde qu'il a tant fréquenté. *Les Suisses l'ont donné aux Américains. Ils lui ont refait la figure. Tout le monde voulait le tuer. Même en Italie. Les Siciliens le recherchaient. Il est allé directement à l'ambassade américaine.* » À Bern, comme à Paris, la DEA a effectivement ses bureaux au sein des services diplomatiques américains. Et la cagoule qu'il portait lors de sa fameuse interview sur France 2 pourrait tout à fait viser à masquer sa nouvelle apparence. « *Les Américains lui ont offert une nouvelle identité et un nouveau visage. Ce n'était pas officiel mais tout le monde le savait* », assène Me Élisabeth Alric, son avocate dans les années 1990, qui se souvient de « *quelqu'un de très froid* », avec qui il était « *très difficile de communiquer* ».

Une rumeur veut que le Brun ait finalement bénéficié, comme Fatima, du statut de témoin protégé aux États-Unis. Le processus est assez long et implique le feu vert de plusieurs administrations. Dans les premiers temps, le témoin reçoit des faux papiers, une adresse discrète et une assistance financière. Le but ensuite est qu'il soit indépendant. Un emploi stable lui est ainsi garanti. Selon un bruit persistant qui court à Marseille, Scapula aurait été embauché – ironie du sort – à l'aéroport John-Fitzgerald-Kennedy de New York. Il avait alors 55 ans.

Quatre ou cinq passeports

Mes interlocuteurs, qu'ils soient magistrats, policiers ou voyous, s'accordent surtout pour dire que notre homme a beaucoup parlé à la DEA. « *Il a donné des mafieux américains, des Siciliens, des Français, ainsi que des détails sur l'organisation du puissant financier corse Paul Mondoloni, ses accords avec des groupes comme la Brise de mer, ou l'équipe de Francis le Belge. Il a dit qui investissait, quoi. C'était une mine d'information* », me raconte, sous couvert d'anonymat, un magistrat français qui bénéficie de contacts de haut niveau à la Chancellerie. « *Les Américains l'ont recueilli*, confirme-t-il, catégorique. *C'est un contrat avec les États-Unis. Il était très important pour eux.* » Pour lui, cette protection de Scapula pour services rendus est parfaitement justifiée.

D'autres cependant, également bien informés, prétendent que le Brun aurait été lâché par les Américains. « *C'était facile pour lui d'avoir des faux papiers. Il n'avait pas besoin des Américains pour ça* », dit Paul Grossrieder, le policier des stups fribourgeois qui a fait tomber le dernier labo connu de la French Connection en Europe, et qui se décrit comme un « ami » de François Scapula. « *Le Brun avait toujours quatre ou cinq faux passeports avec lui* », abonde Milou.

Alors, comment trancher ? Le service des US Marshalls, une agence d'État qui traque les fugitifs et s'occupe des repentis, ne confirme jamais le nom de ceux qu'il encadre au sein de son programme de protection des témoins. L'information est tenue secrète. C'est une spécificité américaine. Face aux questions embarrassantes, l'agence use d'une technique bien connue en matière de renseignement : la « réponse Glomar », du nom d'un navire secret de la CIA destiné à repêcher un sous-marin soviétique. Quand son existence fut rendue publique dans les années 1970, la seule réaction officielle faite à la presse aura été : « *We can neither confirm nor deny* » – ni confirmation, ni infirmation. Quant au département des « affaires publiques » de la DEA, il s'engage à donner une réponse à la presse dans les vingt-quatre heures pour toute sollicitation. J'attends toujours. Pour Scapula, c'est silence radio. Comme si la protection perdurait, deux décennies après. Enfin, côté français, aux Archives nationales, un dossier « Scapula François, suivi d'affaires judiciaires individuelles »

Selon un bruit persistant qui court à Marseille, Scapula aurait été embauché – ironie du sort – à l'aéroport John-Fitzgerald-Kennedy de New York. Il avait alors 55 ans.

Le décès du Brun aurait eu lieu en 2017, peut-être bien d'un cancer, aux États-Unis. Sous une fausse identité, évidemment, car la sécurité sociale américaine n'a pas trace d'un Scapula dans ses listings.

a été déposé par le cabinet du garde des Sceaux pour la période 1995-2002. Il ne sera communicable qu'en… 2102.

Et puis, l'an passé, au hasard d'une conversation, une source bien placée au sein des institutions françaises me glisse, sans le vouloir : « *Scapula ? Mais il est mort* », avant de changer de sujet et de demander à ne pas être cité. Le décès du Brun aurait eu lieu en 2017 – en tout cas avant l'élection d'Emmanuel Macron, précise la source, qui a gardé ce détail en tête pour dater les faits. La source a ensuite changé d'affectation. Elle est fiable, précise, et dispose de très nombreux contacts, tant judiciaires que policiers. Pour elle, le décès de Scapula est une « *mort naturelle* », peut-être bien un cancer, dans son souvenir, aux États-Unis. Sous une fausse identité évidemment, car la sécurité sociale américaine n'a pas trace d'un François Scapula dans ses listings qui sont consultables pour les années 1962 à 2014.

Tout colle avec les dires de Paul Grossrieder, l'ancien policier suisse qui avait déclaré au *JDD*, en novembre 2014 : « *Je sais où il est, mais je ne vous le dirai pas.* » L'aimable retraité situe ses derniers échanges avec Scapula autour de « *2016 ou 2017* ». « *J'ai tenté d'avoir de ses nouvelles depuis, en vain.* » Je le questionne alors qu'il promène ses chiens dans ses chères montagnes helvètes. Essoufflé, il s'arrête. À 73 ans, le Suisse a derrière lui une carrière bien remplie à la tête de la brigade des stupéfiants de Fribourg, trente années de service qui l'ont vu tutoyer les sommets, faire tomber le labo des Paccots, traiter d'égal à égal avec les Américains ou les Français. Mais aussi des déboires judiciaires qui l'ont mené tout droit devant un tribunal, où il a été acquitté des soupçons de corruption nés de ses relations avec une femme qui était à la fois prostituée et informatrice. C'est un géant de 1,90 mètre à la fine moustache et au profil d'aigle, qui, bien que de langue maternelle allemande, manie le français parfaitement et fait preuve de franchise. L'homme n'aime pas le baratin. Il reste pourtant sur ses gardes, conscient de détenir des informations qui pourraient mener jusqu'à Scapula. Et mettre le fugitif en danger. « *Oui, on était amis* », répète-t-il au sujet d'un voyou qu'il a accompagné jusqu'à New York et avec qui il a discuté et refait le monde pendant plus de vingt ans. « *J'avais une relation de confiance avec lui* », reconnaît Paul Grossrieder.

« *Je ne sais pas s'il est mort ou en vie* », précise l'ancien limier qui ignore tout de son décès, mais se montre chagriné en apprenant cette éventualité. « *Beaucoup de monde voulait encore sa peau. Quand on se voyait, c'était avec énormément de prudence. C'était un homme très, très prudent.* » Et amer. « *On lui a fait beaucoup de promesses, à M. Scapula. Les Américains et les Français tout autant. On lui a assuré qu'on ne demanderait pas son extradition vers la France. Mais ils l'ont pressé, puis ils ont laissé tomber la "patate chaude".* » Scapula se serait retrouvé bloqué en Suisse avec le risque d'être renvoyé et emprisonné dans son pays. Pour son ex-agent traitant, le Brun s'est mis « *en cavale* » en 2000. Tout seul. Sans appui des institutions françaises, ni même américaines ? L'ex-limier suisse s'agace. « *On dit "Scapu la balance", mais ils étaient tous des balances, ces trafiquants…* » XXI

« Les trafiquants sont d'abord des prestataires de services »

Diversification de l'offre, logistique, relations clients et gestion des ressources humaines… Les trafiquants opèrent au sein de véritables entreprises, ce qu'analyse **Thierry Colombié,** docteur en économie, chercheur et spécialiste de la criminalité organisée.

Quelles sont les dernières nouveautés en matière de trafic de drogue ?
Aujourd'hui, l'innovation est davantage dans la distribution que dans l'importation du produit. La grande nouveauté, c'est l'atomisation des réseaux. C'est absolument stratégique. D'où l'apparition, que l'on observe depuis quelques années, de points de deal dans des villes moyennes en France. Il est important pour les trafiquants de se rapprocher le plus possible de la clientèle. Pour deux raisons. Il y a d'abord un effet coup-de-poing : les forces de l'ordre mettent la pression sur les points de deal habituels et gênent le trafic là où il se pratiquait jusqu'alors. Il y a, d'autre part, un effet Covid, que je développerai plus loin.

Est-ce la fin de la vente de stupéfiants telle qu'on la connaît ?
Les points de deal sont voués à disparaître. C'est le fruit d'une réflexion des têtes de réseau sur la manière d'essaimer et de diffuser le produit. Le point de deal fixe est synonyme de problèmes de sécurité, tant pour le vendeur que pour l'acheteur. Gérer un important « four » – une plaque tournante de la drogue, haut lieu de vente et de trafic (ndlr) –, comme on dit, entraîne des risques. La police est une menace, bien sûr, mais le manque de qualification du personnel est aussi un problème. La préoccupation majeure pour une entreprise criminelle, ce sont les ressources humaines. On assiste donc au recrutement de « vendeurs » sur les réseaux sociaux. C'est ainsi que des petits dealers qui œuvrent à Marseille peuvent être recrutés dans des cités de la région parisienne. La French Connection avait un problème similaire avec le recrutement de ses passeurs de drogue.

La French Connection, L'essor des entreprises criminelles
Non Lieu éditions, 2012

Justement, quelle différence voyez-vous entre le trafic de stupéfiants actuel et l'époque de la French Connection ?
Les trafiquants d'aujourd'hui utilisent les mêmes stratégies d'économie industrielle : investir, produire, prospecter, vendre, épargner, blanchir, corrompre et contourner le système répressif international. La grande différence se situe dans la distribution : les firmes trafiquantes françaises n'exportent plus l'héroïne sur le continent américain. En revanche, elles importent cannabis, cocaïne et héroïne des lieux de production ou de transit (Maroc, Espagne, Amérique du Sud, Antilles, Pays-Bas…). Sans oublier qu'elles sont également en mesure de produire et de vendre des drogues de synthèse.

Les routes ont-elles changé ?
Pour ce qui est de l'acheminement, il faut bien comprendre que les « go fasts » – technique de

transport ultrarapide (routier, maritime) pour importer des stupéfiants (ndlr) – ne sont pas les principaux moyens utilisés. La drogue entre en France principalement par la mer. Le port de conteneurs du Havre est un point d'entrée majeur. Or, dès les années 1950, c'était déjà un point de passage de l'héroïne vers les États-Unis. On retombe sur les mêmes logistiques.

Pourtant, l'héroïne n'est plus la drogue phare.
D'abord, il faut bien voir que le trafic de drogue n'est qu'un segment des activités des entreprises criminelles. Elles s'occupent aussi de trafic d'armes, de racket, etc. Mais pendant cinquante ans, le milieu français s'est structuré autour du trafic d'héroïne, jusqu'à l'épuisement des ressources. Puis le cannabis et la cocaïne sont arrivés. Les Français, acteurs mondiaux du trafic de stups, s'y sont intéressés. Aujourd'hui, le fait majeur est la diversification de l'offre et des produits : il y a toujours une production d'origine naturelle – cannabis, héroïne, cocaïne –, et parallèlement, l'offre de drogues de synthèse, ou mixtes, est de plus en plus importante.
Le trafiquant est en questionnement permanent sur le type de produit que le client peut désirer. Sur les attentes des consommateurs. Sur la manière dont il pourrait diversifier sa marchandise pour aller chercher de nouvelles clientèles, ce qui relève d'une stratégie industrielle. Et puis les trafiquants se demandent comment se libérer des grands distributeurs. Cela peut passer par la mise en place de circuits courts, avec des productions de cannabis dans des caves, par exemple, ou la création de « fermes de cannabis » pour ne plus avoir besoin de l'importer depuis le Maroc.

« Ils ont compris qu'il était beaucoup plus habile de livrer à domicile. Cela permet de raccourcir le parcours client et de sécuriser les transactions. »

Peut-on parler d'ubérisation du trafic ?
Ce phénomène a commencé par la vente de drogue sur le Dark Web dès le milieu des années 2000, avant que le FBI démantèle des places de marché comme Silk Road, Hansamarket ou Alphabay, entre 2013 et 2017. L'explosion des réseaux sociaux et des services à la personne a servi de rampe de lancement à une ubérisation massive du business : usage de drogues en télétravail, usage thérapeutique, avec, par exemple, une femme de ménage qui vient aussi avec du produit. Les trafiquants ont compris qu'il était beaucoup plus habile de livrer à domicile. Cela permet de raccourcir le parcours client. La dématérialisation des points de vente fixes s'est accélérée avec la crise sanitaire et sociale, et a été aidée par l'utilisation du chiffrement des données, de messageries cryptées ou de cryptomonnaies, qui participent à la sécurité des transactions et à la confidentialité des paiements. L'ubérisation du trafic est aujourd'hui un phénomène qu'il est impossible de maîtriser.

PROPOS RECUEILLIS PAR BRENDAN KEMMET

Clandestin jusqu'à la tombe

Comment retrouver un fugitif ? Comment se faire confirmer le décès d'un clandestin ? Pour Francis Scapula, la quête n'a pas été simple. *« Ce n'est pas la même branche, il y a une erreur, certainement »*, m'a ainsi répondu une de ses proches à Marseille, qui occupe pourtant l'appartement des parents de Scapula. Et si l'administration avait enregistré son décès ? En France, il existe trois formes d'actes de naissance : deux ne peuvent être remis qu'à la famille directe, la troisième est consultable par tout le monde. Je me suis donc procuré à la mairie d'Aubagne l'extrait d'acte de naissance de Scapula. J'ai cherché les « mentions marginales », où sont reportées les mariages, divorces, décès. Pour Scapula, seul un changement de nom est enregistré : lorsque ses parents se sont mariés quatre ans après sa naissance. Rien d'autre. Fin de non-recevoir du côté des institutions américaines, quand ce n'était pas une absence de réponse pure et simple. Un contact à la DEA a cessé les échanges après une question sur la présence de Scapula aux États-Unis. Une source sur la mort du Brun a prétendu par la suite qu'elle parlait d'un autre repenti... Uniquement des déclarations orales. Il faut se résoudre à l'accepter : il n'y aura jamais de réponse officielle sur le sort de François Scapula. À l'instar de ces transfuges de l'Union soviétique passés à l'Ouest et décédés sous de nouvelles identités. Ou du repenti par excellence, le Sicilien Tommaso Buscetta, mort d'un cancer et enterré sous un faux nom du côté de Miami, sans doute. Vingt ans après, on ne sait toujours pas où.

BRENDAN KEMMET

Le Brun et le Blond, à la vie, à la mort

François Scapula, dit « le Brun », et **François Girard,** dit « le Blond », se rencontrent à Endoume, un quartier de Marseille, dans les années 1960. Ils commencent ensemble leur carrière par des vols et des casses, avant de se lancer dans la drogue. Leur vie est ponctuée d'arrestations (comme en 1988 à Fribourg, pour Scapula, en haut) et de procès (en bas, arrivée de Girard au procès de Charles Altiéri, assassin présumé du juge Michel, au tribunal d'Aix-en-Provence en janvier 1994).

AFP – JEAN-PAUL PELISSIER / REUTERS

Blanchir l'argent dans la neige et le sable

Les profits tirés du trafic d'héroïne étaient considérables. Au début des années 1970, l'opium, acheté 25 dollars au petit producteur turc, en valait 1000 une fois transformé à son arrivée à New York. Difficile cependant, comme pour toute activité illicite, d'évaluer les gains des trafiquants de la French Connection. Parmi les gros bonnets, Jean-Baptiste Croce a été condamné en 1974 pour avoir fait entrer aux États-Unis plus d'une tonne d'héroïne pure, soit 50 millions de francs (plus de 40 millions d'euros selon le convertisseur de l'Insee, qui tient compte de l'inflation). Où l'argent a-t-il été investi ? La première génération, et notamment celle des « vieux Corses », a eu tendance à faire des investissements basiques : Croce, qui avait commencé simple matelot, était propriétaire de trois bateaux et d'un yacht d'une valeur de 1,5 million de francs (1,2 million d'euros d'aujourd'hui), plus un bar. Le chimiste Jo Césari, autre ancien de la marine marchande, était propriétaire d'un domaine de 435 hectares dans la vallée de la Durance et employait pas moins de huit domestiques. La génération suivante, celle des Scapula, se montre beaucoup plus avisée. Il s'agit à la fois de blanchir et d'investir dans des activités pérennes. Ce sera dans les stations de ski, en particulier celle du sud des Alpes, comme Vars, Pra Loup, Isola 2000, selon un bon connaisseur du milieu marseillais. Parmi les commerces prisés, les boîtes de nuit. Autre option, les stations balnéaires et en particulier les plages privées avec leurs restaurants, qui pullulent de Cassis à Menton. Un « hot spot » en particulier : Cannes et son littoral. Certains trafiquants ont encore misé sur les chevaux ou les casinos, jusqu'en Belgique, au Liban et en Angleterre. B. K.

À lire, à voir, à écouter

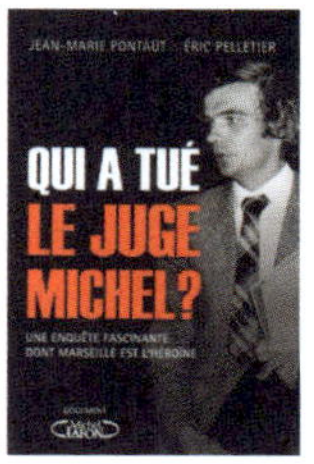

Qui a tué le juge Michel ?
d'Éric Pelletier et Jean-Marie Pontaut,
éd. Michel Lafon, 2014
Minutieux état des lieux des connaissances officielles sur l'assassinat en 1981 d'un magistrat en croisade contre le crime. La plupart des protagonistes sont interviewés, en « on » ou en « off », et la vie de François Scapula, évoquée, forcément.

Truand, Mes cinquante ans dans le milieu corso-marseillais
de Milou, avec Thierry Colombié
éd. Robert Laffont, 2015
Au-delà de l'autobiographie, il s'agit d'une fresque colorée du monde des voyous phocéens de l'après-guerre et jusqu'aux années 2000. L'auteur, Émile Diaz, dit Milou, a été un gros importateur d'héroïne-base depuis la Turquie avant de tomber avec la « French-Sicilian Connection » en 1981.

French Connection
Film de William Friedkin
Sorti en 1971
Plongée dans les bas-fonds new-yorkais, inspirée du roman du même nom de l'écrivain Robin Moore. Le film s'inspire de l'affaire Jacques Angelvin, présentateur vedette de l'ORTF, arrêté en 1962 : rouage d'un puissant réseau de trafiquants hexagonaux qui inondait alors les États-Unis, il œuvrait en tant que passeur français d'héroïne.

Lucky Luciano
Film de Francesco Rosi
Sorti en 1973
La vie d'un des plus importants parrains de la mafia italo-américaine du XXe siècle. Charles Luciano, « le Chanceux », né en Sicile, émigré aux États-Unis avant d'en être expulsé, a organisé le trafic mondial de l'héroïne, en lien étroit avec le milieu corso-marseillais. Un film magnifique, avec un extraordinaire Gian-Maria Volonté.

French Connection : Marseille, Montréal, New York
Podcast en 4 épisodes (2021)
France Culture
L'ancien policier Stéphane Berthomet retrace avec précision et moult témoignages l'histoire du réseau qui a prospéré sur le trafic d'héroïne après la Seconde Guerre mondiale.

TABAC
BAR TABAC PMU
BAR - TABAC - PMU - LOTO - AMIGO
50
50

New deal au Creusot

PENDANT L'ANNÉE 2018-2019, L'ANCIEN PARADIS MINIER A BRIÈVEMENT ACQUIS LE STATUT, PEU RELUISANT, D'HYPERMARCHÉ DU SHIT. DEPUIS L'ARRESTATION DES TÊTES DU RÉSEAU, LA VILLE TRAVAILLE À REDORER SON IMAGE DE CITÉ DYNAMIQUE ET DE PÔLE D'ATTRACTION POUR L'INDUSTRIE.

Par Ramsès Kefi
Illustrations Anne-Gaëlle Amiot

La tour M est la plus haute du quartier du Tennis. Treize étages. Elle n'est ni gigantesque ni délabrée, mais sa réputation l'allonge et l'assombrit. En regardant dans sa direction, un vieil homme rappelle qu'il n'y a pas si longtemps les vendeurs « *de caca, de merde* » s'y planquaient. Les dealers. Le local du bailleur était situé au premier étage. En 2019, il a fermé parce que les employés avaient la trouille. La chronologie est importante : l'année 2018-2019 a été une période à part. Des « Parisiens » avaient délocalisé un réseau de drogue ici même, au Creusot, au milieu de blocs bordés par un petit bois. Les règlements de comptes avec les bandits du cru ont fait un mort et des blessés, dont une fille de 14 ans qui jouait en bas de cette tour. Une balle perdue. Le vieux monsieur, blouson, chaussettes et peau beige, se fâche : « *Nous étions une ville respectable, avant. Nous n'étions pas préparés à tout ça.* »

Le Tennis est un point d'entrée du Creusot, qui fut l'une des capitales européennes de l'industrie. Les Schneider ont été l'équivalent d'une dynastie royale sur cette terre de Saône-et-Loire peuplée de vingt-deux mille âmes. Entre le XIXe siècle et le milieu du XXe siècle, ils ont pensé et bâti un empire sidérurgique prospère, d'où sortaient des locomotives à vapeur, des rails, des armes. Une machine géante, qui battait et malaxait le fer, se dresse devant la cité HLM comme une statue de saint. Le monument est accompagné d'une mention en lettres majuscules : « *Ce marteau-pilon à vapeur réalisé au Creusot en 1876 fut à son époque le plus puissant du monde.* »

> **Pendant « l'occupation provisoire », les trafiquants, sous la supervision des « Parisiens », avaient planté une tente dans le quartier pour servir la clientèle.**

Le Tennis, qui compte plus de pins que d'immeubles, a presque 50 ans. Il fut construit pour loger la main-d'œuvre, quand le chômage n'était qu'une menace abstraite. Son nom vient de la petite balle jaune : les HLM ont poussé sur d'anciens courts. Une rénovation d'ampleur, débutée au début des années 2000, a permis de retaper des appartements vétustes et de détruire les immeubles hors d'âge. La tour M est une survivante : elle devait tomber au moment du lifting, mais des locataires s'y sont opposés. Ce quartier ouvrier d'un millier d'habitants est bien loti comparé à d'autres. Il est quadrillé par des pelouses et des bancs, objets en voie de disparition dans les cités populaires. Il est voisin de ronds-points, lesquels donnent sur des zones commerciales, dont une grande boulangerie qui fournit tout – le pain, le café, les tacos.

Montserrat Reyes, élue communiste et résidente de la tour M, se souvient de « *l'occupation provisoire* ». Techniquement, le terme tombe juste : les trafiquants, sous la supervision des « Parisiens », avaient planté une tente dans le quartier pour servir la clientèle. L'ancienne professeure a vu des petits revendeurs s'endormir dans le hall. Elle n'a jamais voulu déserter « *pour ne pas donner un mauvais signal* », d'autant qu'elle est venue vivre ici par conviction : « *Je suis issue d'un milieu ouvrier et je me plais au milieu des gens modestes.* » Des voisins apeurés, eux, ont préféré déménager. Une aubaine pour les bandits, qui ont banalisé l'esthétique des cagoules noires. Pendant des mois, ils ont investi des logements abandonnés de la tour M pour surveiller les allées et venues.

Écoutez les coulisses du reportage en podcast.

L'immeuble se situe à quinze minutes à pied du centre-ville. Sur le chemin qui y mène, de vieilles maisons avec du cachet, de nouveaux lotissements aux couleurs claires, des pavillons trop gris pour être gais. L'une des rues qui conduisent à la tour M et ses petites sœurs bétonnées s'appelle Albert-Ier. Le bar du même nom est vide en ce mardi d'automne. Son taulier quinquagénaire lit pour passer le temps et conjurer ce walou. L'impression de décalage en arpentant Le Creusot ne se dissipe jamais : c'est comme si la criminalité s'était perdue et y avait posé ses valises par erreur.

En octobre 2019, la police a fait une descente au Tennis, et décimé les têtes de réseau originaires du Val-de-Marne : trois frères, qui avaient débarqué quelques mois plus tôt comme des pères Noël maléfiques. Dans leur hotte, de la drogue, des armes, des euros en quantité phénoménale. Les stocks ne s'épuisaient jamais, pas même au moment du confinement, où certaines zones du département étaient à court de stupéfiants. Les petites mains, pour faire tourner le business et encadrer les locaux, allaient et venaient en train ou en voiture. Un policier chevronné du coin à la voix paisible explique : « *des associations* » entre voyous de régions différentes existent. Une famille locale peut faire appel à des Parisiens pour l'aider à récupérer « *une part de marché* ». Les connexions de ce type peuvent se faire en prison. Résultat : « *Les méthodes en vigueur dans les banlieues parisiennes ont essaimé un peu partout. C'est juste que, dans les zones considérées comme rurales, les phénomènes arrivent en décalage.* »

« *Désormais, la tour M, c'est terminé. Mais ça s'est délocalisé ailleurs. Il y a trop d'argent en jeu pour qu'il en soit autrement* », poursuit le flic, qui réclame l'anonymat. En 2021, le procès des trois frères du Val-de-Marne a débouché sur des condamnations allant jusqu'à sept ans de prison. Entre-temps, une régie de quartier – une association d'économie solidaire œuvrant à l'échelle locale – a récupéré les murs désertés par le bailleur. Jean-Baptiste Moreau, son directeur, évoque les « Parisiens » comme des démons exorcisés. Pour le prouver, il prend à témoin un mur repeint. Entre deux étages de la tour étaient inscrits les prix des consommations – shit, héroïne, cocaïne, amphétamines et même cigarette à l'unité. Des habitants ont tout effacé au pinceau. Jean-Baptiste Moreau ajoute le jardin partagé au pied des blocs, né pendant le premier confinement en 2020, à la liste des preuves d'un retour à la vie normale. « *Vous vous êtes baladé au Tennis ?* », interroge-t-il. Oui. Des gamins jouent non loin du marteau-pilon, une vieille dame au balcon gronde son chien et quatre vingtenaires sont calés sur un banc, immobiles comme des Lego. Des dizaines de volets restent fermés du matin au soir. Un tiers des logements sont vacants. Le Tennis pourrait donc rapetisser encore : « *Des diagnostics sont en cours sur le devenir de certains bâtiments* », nous écrit le bailleur, dans un e-mail aussi prudent que solennel.

> « Désormais, la tour M, c'est fini. Mais le trafic s'est délocalisé ailleurs. Il y a trop d'argent en jeu pour qu'il en soit autrement. »
>
> **UN POLICIER LOCAL** SOUS COUVERT D'ANONYMAT

Économiquement, la ville du Creusot est revenue d'entre les morts, du moins ne s'est pas attardée en leur contrée. En 1984, l'empire des Schneider dépose le bilan. Plus d'un millier d'ouvriers sont licenciés. Cataclysme. Des élus se persuadent néanmoins que la faillite est momentanée. Que le prestige d'antan et les compétences acquises par les travailleurs locaux sont des atouts. En trente ans, des sites vacants sont modernisés et les conditions d'installation, facilitées pour qui souhaite investir. La gare TGV sert d'argument pour vendre un bassin économique décloisonné – la capitale est à une heure et vingt minutes. Les aménagements successifs du réseau routier le placent à une demi-heure de l'A6, qui traverse la France du nord au sud. Le Creusot devient une escale entre Paris et Lyon, voire Marseille.

Au cours des années 2000, l'ex-paradis minier attire Alstom, Safran ou encore Arcelor Mittal. Les gros contrats s'enchaînent pour fournir des pièces détachées aux métros, aux éoliennes ou encore, aux sous-marins. En 2022, le chômage a encore baissé : il oscille autour de 7,9 %, dans la moyenne nationale. Médiatiquement, Le Creusot devient une ville-gymnaste, en plein grand écart : une jambe calée sur les louanges des pages économiques et l'autre sur la rubrique des faits divers. Le bonheur des uns peut faire celui des autres : les routes de la résurrection industrielle sont aussi celles de la drogue.

Torcy, 2 000 habitants, se trouve en face du Tennis et du marteau-pilon. C'est la même communauté urbaine, celle du Creusot-Montceau. La frontière ? Une place fraîchement rénovée, dont le sol brille comme une patinoire et qui donne sur des commerces. L'un d'entre eux, le petit bar PMU, a été criblé à l'arme de guerre le lundi 17 octobre 2022 vers 1 heure du matin. Une trentaine de coups de feu sur le rideau de fer. Il n'y avait personne à l'intérieur – mais s'il y avait eu quelqu'un ? Les gens du coin, toutes générations confondues, sont usés de témoigner et de constater. Alors, ils se taisent, s'agacent ou renvoient vers ce qu'ils estiment logique – *« Il y a des caméras, donc on saura »*, *« Nous ne sommes pas de la police »*, *« On s'en fout, chacun ses fréquentations. »*

Adel Jebahi, le gérant du Pilon – le bar en question – a un accent du Var, des lunettes, une barbe poivre et sel et une dent contre le maire de Torcy. Ce dernier a publié un communiqué offensif. En résumé, ce rade serait un repaire de dealers. Correctif du propriétaire : le lieu dérange parce qu'il est le QG des jeunes des quartiers alentour. Adel Jebahi a une alarme sur son téléphone, reliée aux caméras du Pilon, *« qui sonne, quand un rongeur passe, par exemple »*. Dans la nuit de dimanche à lundi, elle a bippé. Il a jeté un coup d'œil, avant de se rendormir. Rien d'anormal, jure-t-il. À l'ouverture, il découvre les dégâts. Des fenêtres bousillées, des experts balistiques en alerte et les assurances dans les parages. Les images de vidéosurveillance montrent un tireur encagoulé qui s'acharne sur sa gâchette et grimpe dans une voiture.

Le bonheur des uns peut faire celui des autres : les routes de la résurrection industrielle sont aussi celles de la drogue.

Le Varois, en bout de quarantaine, possède deux PMU dans le secteur, distants d'un kilomètre. Il reçoit dans celui du Creusot et grimace en tétant une bouteille d'eau à la fraise: «*À quoi ça sert de tirer sur un rideau de fer?*» Sourire: «*Dès qu'on remet la devanture en état, on rouvre. Je perds de l'argent, là. Si ça ne tenait qu'à moi, on serait déjà ouvert.*» Les enquêteurs lui ont demandé s'il avait eu un différend qui aurait poussé des types à se venger. Non. Avant ses deux commerces, il gérait avec son frère un PMU à Montélimar. Après, ce sera probablement Lyon, où son fils aimerait investir. Sourire: «*S'il y a des dealers au Pilon, que les autorités fassent leur travail.*» Un client au teint mat, yeux éteints et épaules costaudes, s'approche du gérant à la fin de notre conversation et colle sa bouche presque à son oreille: «*Ceux qui font du mal finissent toujours par payer.*» Adel Jebahi ne se départit pas de sa mine détachée: «*À la base, j'aime bien la campagne.*» Et la police de se raccrocher à une hypothèse: elle voit dans ce mitraillage une tentative d'intimidation de bandits du coin pour forcer le propriétaire à vendre, et installer un point de deal au PMU – voire l'utiliser pour blanchir de l'argent.

La police voit dans le récent mitraillage du bar PMU une tentative d'intimidation pour forcer le propriétaire à vendre, et y installer un point de deal.

Comme Le Creusot, Torcy a été éclaboussé de sang en 2019: un «Parisien» mêlé au trafic a été abattu. Le flic chevronné à la voix apaisante appelle à bouleverser les grilles de lecture classiques: «*Il ne faut plus raisonner à l'échelle d'une ville. Au-delà de ceux qui gèrent le trafic, la main-d'œuvre arrive de partout. Les réseaux mettent des petites annonces sur Snapchat.*» La «petite main» du deal descend d'un train et se rend à un endroit fixé au préalable. Généralement, un type en cagoule lui prend sa pièce d'identité et lui jure qu'il l'a à l'œil. Le policier reprend: «*La petite main travaille quelques jours et s'en va, comme pour une mission en intérim. Il faut que la main-d'œuvre tourne. Ne pas s'ancrer sur un territoire évite de se faire prendre et sème la peur chez les habitants qui ne reconnaissent pas les visages. En fait, le jeune qui arrive pour bosser ne sait même pas qui est son employeur. Et, de plus en plus, il est mineur.*»

Au Creusot et ses alentours, les trafiquants ont exploité la faiblesse des effectifs de police: une soixantaine d'agents pour les trente mille habitants de son bassin. La commune possède un commissariat, mais pas de commissaire – c'est un commandant qui dirige. Quand ça chauffe, ce sont les villes d'à côté, comme Chalon-sur-Saône, qui envoient du renfort. La mairie avance la même théorie depuis des années: Le Creusot a longtemps été trop paisible pour obtenir des moyens sécuritaires supplémentaires. Le secteur n'avait pas le profil. Contactée, la préfecture de Saône-et-Loire ne donnera pas suite.

Au vrai, les «Parisiens» ont cultivé un terrain déjà fertile. Dès 2012, l'ancien empire des Schneider était surnommé la «Petite Hollande» par un cadre de la sécurité départementale – un organe du ministère de l'Intérieur. Depuis dix ans, les saisies de drogue dure et d'armes se multiplient, comme en témoignent les archives du *Journal de Saône-et-Loire*. L'équipe originaire du Val-de-Marne n'a rien inventé. Elle a juste, en exportant ses méthodes, fait monter le trafic d'un cran dans sa violence, son organisation et ses volumes. L'abondance de la marchandise au Creusot y a fait baisser le prix des doses. C'est comme dans un supermarché : tout doit disparaître, et vite, pour renouveler les offres et la variété des produits. La clientèle afflue, du nouveau consommateur urbain au villageois accro à l'héroïne – la communauté d'agglomération pèse quatre-vingt-dix mille habitants.

En 2021, un jeune homme du Tennis a témoigné sur BFM-TV. Dans l'obscurité d'un lieu camouflé, visage caché, voix modifiée. Ce n'est pas tant ce qu'il raconte de la tour M qui bouscule le plus, mais ses incises. Il dit qu'au-delà de l'argent sale les « Parisiens » et ceux qui turbinaient pour eux ont ranimé une cité endormie. Ils ont amadoué les gamins, organisant, entre autres, des barbecues et des tours de quad. C'est l'une des pierres angulaires de « l'occupation » : les dealers, pour garder la mainmise sur une cité HLM, tentent de se faire accepter par des offrandes. Par endroits, ils vont même plus loin que les merguez : ils se procurent une liste des locataires en retard sur les loyers et règlent leurs ardoises à leur place.

Sur son fauteuil, David Marti, costume rayé et col roulé, revendique une parole pragmatique : le deal n'est pas éradiqué, mais Le Creusot, le Tennis et sa tour M respirent mieux sans « Parisiens ». Le maire, également président de la communauté d'agglomération, problématise : « *Quelle ville n'est pas concernée par la drogue ? L'enjeu n'est pas seulement la répression. Il faut agir sur les clients.* »

> **« Quelle ville n'est pas concernée par la drogue ? L'enjeu n'est pas seulement la répression. Il faut agir sur les clients. »**
>
> **DAVID MARTI** MAIRE DU CREUSOT

David Marti reçoit au château de la Verrerie – fonderie royale transformée par les Schneider au XVIIIe siècle – et tend un fascicule orange retraçant l'histoire récente du Tennis. Une salle de spectacle neuve, qui fait boulodrome, accueille régulièrement des événements culturels et sportifs tout près de l'école maternelle. Un espace France Services, regroupant Pôle emploi, la Poste et les impôts, a ouvert dans la tour M en 2021. Treize caméras ont été installées pour surveiller ce qui s'y passe. Une « consultante en marketing territorial » travaille à recentrer l'image du Creusot sur son prestige économique : la ville doit être perçue comme la capitale de la réindustrialisation française, et rien d'autre. Le maire à la silhouette svelte dépose délicatement la double page d'un journal devant lui, avec un classement des communes les plus malades du trafic. Valenciennes, Lens, Lorient… « *Vous avez vu le nom des villes ?* », commente David Marti, entre compassion et soulagement. Le Creusot n'y est pas.

« La réponse pénale n'a pas d'incidence sur la baisse de la consommation »

Pour **Marie Jauffret-Roustide,** sociologue à l'Inserm et directrice du programme « Sciences sociales, drogues et sociétés » à l'EHESS, une société sans drogue est une utopie.

Observe-t-on une augmentation de la consommation de drogues dans les communes rurales ?
Les usages de drogues et d'alcool en milieu rural ont toujours existé, mais la recherche s'y intéresse plus depuis quelques années. Les crises économiques qui touchent les petites communes et l'expérience de l'ennui sont des terreaux fertiles au développement d'addictions. Néanmoins, le phénomène reste moins visible que dans les grandes villes, puisqu'il est rare d'observer des regroupements publics d'usagers et de dealers dans les communes rurales. Cela s'explique notamment par le fait que les habitants se connaissent et qu'ils peuvent être reconnus par des personnes de leur entourage.

Comment expliquer que la consommation de drogues progresse, alors que, depuis les années 1990, les interpellations pour des infractions liées aux stupéfiants ont globalement augmenté ?
S'il y a de plus en plus d'arrestations et de saisies de drogues, c'est parce que leur usage se démocratise. L'offre est liée à la demande. Or les études disponibles démontrent que la réponse pénale n'a pas d'incidence sur la baisse de la consommation. Plusieurs facteurs l'expliquent. La peur de la sanction pénale n'a par exemple pas d'effet sur les personnes qui consomment du cannabis à visée thérapeutique. On sait aussi que les trafiquants de drogues s'adaptent constamment pour contourner la loi. Enfin, avec une politique répressive, la consommation de drogues reste un sujet tabou dans la société. Dès lors, il est encore plus difficile de faire de la prévention.

Y a-t-il un État qui a réussi à réduire ce phénomène, dont la France pourrait s'inspirer ?
En Islande, le niveau de consommation d'alcool, de cannabis et de tabac par les jeunes était l'un des plus élevés d'Europe. Le gouvernement a mis en place une politique d'accès au sport et aux activités culturelles afin d'améliorer la qualité de vie des jeunes Islandais et de réduire leur consommation. Une autre piste intéressante est celle de la légalisation du cannabis, avec un encadrement strict, comme au Canada.

Une société sans drogues est-elle une utopie ?
Je le pense. Les drogues ont une fonction sociale. À mon sens, elles offrent des expériences psychoactives et aident certains à mieux maîtriser leur anxiété. Il est essentiel que les gouvernements mettent en place des mesures de réduction des risques. Cela permet à ceux qui veulent consommer d'être libres de le faire, tout en étant informés des dangers et des moyens de les réduire. Pour le cannabis, cela peut passer par une régulation du marché, pour que les usagers puissent mieux contrôler la composition de ce qu'ils consomment. Pour l'héroïne, on peut imaginer de faciliter l'accès à des seringues stériles ou la possibilité pour les usagers de faire tester le produit.

PROPOS RECUEILLIS PAR RÉMI BAYOL

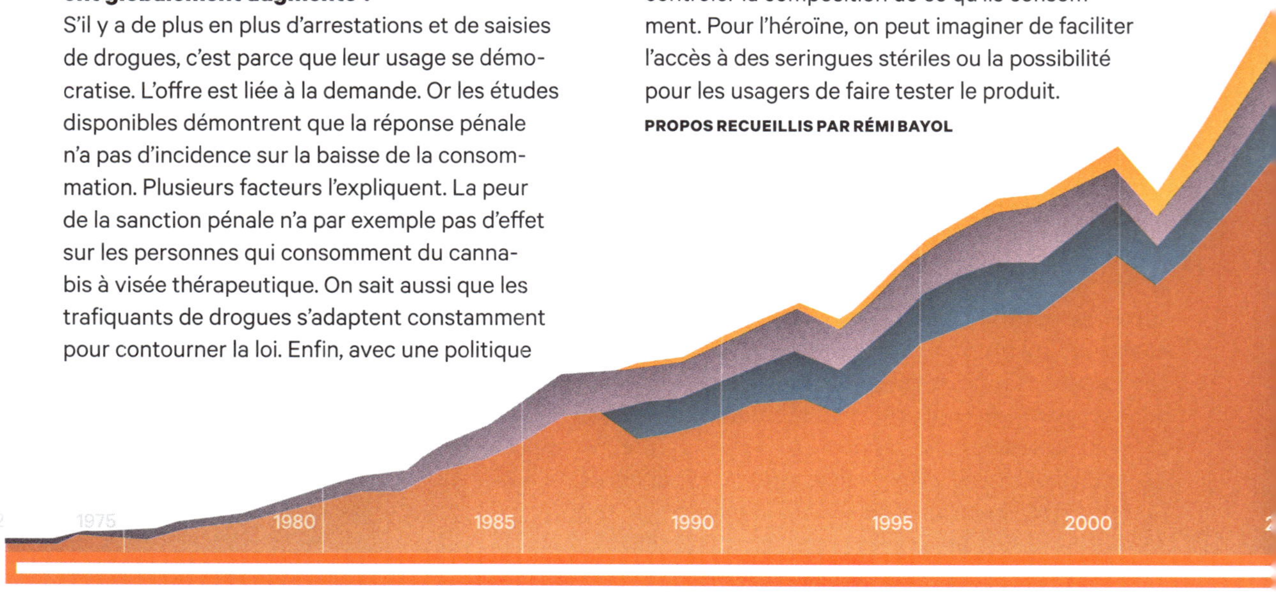

Arrestations en chaîne

Enquête d'action ou encore *90' Enquêtes*: ces émissions télévisées qui suivent régulièrement la police dans des opérations coup-de-poing se sont durablement installées sur les écrans. Elles flirtent avec le divertissement: même quand l'affaire est mineure, la voix off se charge de lui donner des relents d'épopée. Les teasings en ligne sont spectaculaires: des images en vrac de chiens dangereux, de dealers, de stands de tirs ou encore de prostituées sont utilisées pour illustrer des reportages sur la police municipale ou la BAC. Les chaînes de la TNT, qui achètent ces programmes à petit prix à des boîtes de production, se régalent: depuis le début des années 2000, les audiences atteignent régulièrement le million de téléspectateurs.

D'où les rediffusions en continu. Le ministère de l'Intérieur n'est pas hostile à ce type de formats, qui servent de précieux relais de communication. Pour autant, n'est-ce pas une violation de la vie privée quand un suspect, même flouté, voit son audition divulguée à la France entière? Quelle est la légitimité de la présence d'un journaliste au milieu d'une intervention? Depuis 2017, un arrêt de la Cour de cassation permet d'invalider une procédure chaque fois qu'une caméra filme certaines situations, comme une perquisition. De nombreux médias ont raconté les dessous de ce business audiovisuel et ses évolutions face à ces nouvelles contraintes: désormais, les sociétés de production se recentrent sur le portrait, ou la trajectoire d'un policier et son intimité. **R. K.**

Interpellations pour infractions à la législation sur les stupéfiants

Par catégorie d'infractions entre 1972 et 2020

En 2020, **81 %** des personnes sont interpellées pour **consommation** (prises en flagrant délit dans l'espace public);

9 % pour **usage ou revente;**

9 % pour **trafic** (14 791);

1 % des interpellations concerne **les autres infractions,** (culture de plants de cannabis, publicité illégale sur les réseaux sociaux, détournement de précurseur chimique...).

SOURCE: ÉTAT 4001 ANNUEL, DCPJ ET SSMSI / MINISTÈRE DE L'INTÉRIEUR (MÉTROPOLE, POLICE ET GENDARME)

Conseils de libraire

Librairie Le Genre urbain (Paris 20e)

L'État a toujours soutenu ses territoires
de Laurent Davezies
éd. du Seuil, 2021
Avec les précédents ouvrages du même auteur dans la même collection, ce livre constitue une mise à niveau sur les fractures économiques entre les territoires. Une lecture accessible à tous.

Changements à vue, Voyage à Saint-Étienne
de Jean-Christophe Bailly et Alexandre Chemetoff
éd. Arlea, 2015
Un texte formidable et incroyablement instructif pour comprendre comment intervenir sur un site en crise sans le dénaturer.

Plus vite que le cœur d'un mortel, Désurbanisation et résistances dans l'Amérique abandonnée
de Max Rousseau et Vincent Béal
éd. Grevis, 2021
Un voyage au cœur de la *« rust belt »* (la ceinture de la rouille), dans le nord des États-Unis, et particulièrement à Cleveland (Ohio) où crises économique, sociale et urbaine nourrissent la résistance et la résilience des habitants.

La ville vue d'en bas, Travail et production de l'espace populaire
du collectif Rosa Bonheur
éd. Amsterdam, 2019
Une équipe de sociologues de l'université de Lille a mené l'enquête pendant cinq ans à Roubaix. Il s'agit de saisir les transformations des conditions de vie, de travail et de logement de populations aux marges du salariat, en partant de leur point de vue.

L'oasis ou le cannabis

À Nantes Nord, l'architecture a été pensée en îlots, propices à la verdure, mais aussi au trafic de drogue. La rénovation urbaine veut sauver les arbres, pas les points de vente.

Ce mercredi après-midi, parents et enfants se retrouvent sur la butte qui domine le terrain boisé au milieu des immeubles. L'automne a posé ses couleurs au Chêne des Anglais, grand ensemble de Nantes Nord, à la lisière de la ville. Sur ce point culminant, quatre chênes, des bancs, une pataugeoire à l'abandon, et un dragon. À grand renfort de cris, les petits partent à l'assaut de cette créature en métal vieillissante, symbole de la cité. Difficile de deviner que ce promontoire arboré est devenu un lieu stratégique pour des échanges beaucoup moins bon enfant. *« C'est un poste de vigie pour tous les dealers du quartier, on y repère facilement les opérations de police »*, explique Pascal Bolo, adjoint au maire de Nantes, chargé, entre autres, de la tranquillité publique et de la sécurité.

Avec leurs sentiers piétonniers nichés dans la verdure et leurs rues en cul-de-sac, les micro-quartiers du Bout des pavés et du Chêne des Anglais constituent de fait un terrain de deal idéal. *« Moi je n'ai pas peur, mais beaucoup de mes voisins ne sortent pas de chez eux »*, déplore Lydie Boismain, 75 ans dont trente-trois au « 10, Champlain », une des tours des deux cités. C'est tout le paradoxe de ce quartier, et l'enjeu du « projet global Nantes Nord ». Cet immense programme de rénovation, lancé par la Métropole nantaise en 2016 et qui sera achevé en 2030, cherche à résoudre une équation à trois inconnues : comment améliorer le quotidien, tout en ménageant la riche végétation et en créant des conditions moins favorables au trafic ?

« Bien desservi et avec tout cet espace vert ! C'est ce qui m'a donné envie d'habiter au Chêne des Anglais. » Louisa Battoy parle vite, regarde son interlocuteur droit dans les yeux. Le quartier, elle y a posé ses valises il y a trente ans, et élevé ses quatre enfants. Comme beaucoup ici, elle apprécie de se lever avec le chant des oiseaux et les écureuils sous ses fenêtres. Délimité par le Cens et le Gesvres, deux affluents de l'Erdre, et par l'autoroute A11, Nantes Nord est le seul quartier de la ville sans autre nom qu'un point cardinal. Mais il se distingue par sa verdure, avec 460 hectares de végétation, selon les chiffres de l'agence d'urbanisme de la région nantaise. Soit 185 mètres carrés par habitant, pour quinze en centre-ville. Des chênes bicentenaires y jalonnent les rues. À l'automne, on ne peut se promener entre les immeubles sans faire craquer les glands sous ses chaussures. Autre particularité, Nantes Nord est le plus grand quartier d'habitat social de la ville.

Logique de l'entre-soi

« Dans les années 1950, à la place des tours de la rue de Québec, il y avait des marécages ! » Passionnée par l'histoire de Nantes Nord, Lydie Boismain, ancienne employée chez Auchan, aime son quartier au point d'y proposer régulièrement des visites aux touristes. C'est pour répondre aux besoins croissants en logements que la ville a décidé après la Seconde Guerre mondiale de construire ici des habitats sociaux, en lieu et place de terrains agricoles. Les bocages s'étendaient ici à perte de

GERME& IAM

Deux quartiers au cœur du projet

Séparés sur un axe nord-sud par la route de la Chapelle-sur-Erdre, le quartier du Chêne des Anglais (à droite) et celui du Bout des pavés (à gauche, où se trouve l'école Paul-Gauguin) se font face. Au nord des deux grands ensembles, le parc de l'Amande, la prison (zone marron à droite), et, plus loin, l'autoroute A11 avec son énorme échangeur (à gauche). Sur ce plan d'architecte du cabinet germe&JAM qui détaille le tissu urbain, on aperçoit également le Cens, cours d'eau qui traverse Nantes Nord d'ouest en est, dans sa partie sud.

vue il y a quatre-vingt-dix ans. Sortis de terre au début des années 1970, le Chêne des Anglais et le Bout des pavés répondent à une organisation « en îlots » : plusieurs tours desservies par des rues sans issue, et, au milieu, un vaste espace verdoyant. Mûriers, platanes, savonniers, liquidambars, chênes d'Amérique et ptérocaryers s'y épanouissent aujourd'hui. À l'époque, on a bâti selon la logique de l'entre-soi, avec logements et services au cœur, l'extérieur ne servant qu'à raccorder les bâtiments aux voies de circulation. *« Dans la théorie du grand ensemble, le mot "espace public" n'existe pas. La qualité est à l'intérieur, l'extérieur, qui structure le rapport à la ville, est en revanche déqualifié »*, explique Jean-Marc Bichat, architecte au cabinet germe&JAM qui coordonne le « projet global » de réaménagement. Avec l'avènement de la voiture, les culs-de-sac sont devenus des parkings, produisant des effets pervers en matière de sécurité. *« Les rues en impasse créent des difficultés pour les forces de l'ordre »*, explique Pascal Bolo. Résultat : *« L'organisation des bâtiments, le côté refermé des espaces publics créent des conditions favorables aux mésusages »*, euphémise l'adjoint au maire, s'excusant d'employer les grands mots.

Un business aux yeux de tous

L'arrière de l'école Paul-Gauguin, coincé entre deux impasses, en est un parfait exemple. *« Pendant longtemps, il y avait ici un logement de fonction abandonné où des toxicomanes avaient élu domicile. Des trafiquants avaient aussi choisi la rue de Québec adjacente pour y monter une station essence clandestine »*, raconte Delphine Coulon, la directrice. C'est de cette même rue qu'en 2020 un scooter incendié a été jeté en pleine nuit sur la bibliothèque de l'école. Depuis quelques semaines, après une cage d'escalier, les dealers ont jeté leur dévolu sur les abords de la boulangerie, à une centaine de mètres de l'établissement.

> Avec l'avènement de la voiture, les culs-de-sac sont devenus des parkings, produisant des effets pervers en matière de sécurité : les forces de l'ordre ont du mal à y circuler.

Au printemps 2022, le trafic de drogue s'est intensifié dans la cité des Ducs. En août, la préfecture de Loire-Atlantique avançait le chiffre de 50 lieux de deal contre 30 trois ans plutôt, et ce, en dépit des 874 opérations de démantèlement effectuées depuis janvier 2022. Si Nantes Nord défraie moins la chronique que les quartiers de Bellevue ou des Dervallières, témoins de récents règlements de comptes violents, il n'en reste pas moins un lieu de trafic important. *« Il y a du deal jour et nuit, on a affaire à un business qui ne se cache pas,* explique posément Patrice Hamelin, chef du projet global à la direction d'aménagement et d'urbanisme de Nantes Métropole. *Il faut dire que les points de deal sont positionnés près des axes de transports. »* Nantes Nord est relié au reste de la ville par cinq bus et une ligne de tram, qui longe la rue des Renards. Alors les acheteurs défilent. Et les échanges se font aux yeux de tous. *« C'est assez agité, mais on s'habitue, on n'a pas le choix. »* Voilà quinze ans qu'Aurélie vit avec ses deux filles au « 7, Jacques-Cartier », l'une des tours du Chêne des Anglais. Elle aimerait partir même si elle tient à la végétation. *« Y a des arbres plus vieux que moi, j'espère qu'on va les garder ! »*

Penché, lunettes à la main, sur ses immenses plans, l'architecte Jean-Marc Bichat se veut rassurant : *« On n'est plus dans une politique de démolition des quartiers, la diversification sociale passe plutôt par la densification de l'habitat. »* Comprenez : favoriser l'installation de nouveaux habitants plutôt que de faire table rase. Et mieux intégrer les grands ensembles à la ville, ce qui suppose malgré tout de démolir, mais à la marge. Sans abattre d'arbres, ou le moins possible, et en essayant de gêner le trafic. *« L'idée est de garder le cœur des îlots tout en valorisant l'extérieur des grands ensembles »*, poursuit l'architecte. Une constante de ce type de rénovations, qui tentent de ramener de la vie autour des tours, en créant des voies de passages entre les différentes zones d'habitation. Au Bout des pavés, le projet global prévoit ainsi de casser l'impasse derrière l'école Gauguin pour permettre la circulation des véhicules et des personnes.

Les vieux chênes, « on n'y touche pas »

« La série d'érables argentés derrière l'école sera coupée, cette espèce ne supporte pas les travaux. Mais l'immeuble qui longera la nouvelle rue a été pivoté pour conserver ce vieux chêne, plus robuste », souligne, index pointé, Guillaume Portero. Érables ou chênes, les arbres du quartier n'ont plus de secret pour ce trentenaire en jean et baskets, responsable du territoire Nantes Nord au département « nature et jardin » de la Ville – le nom nouvelle génération du service « espaces verts », renforcé depuis le ralliement des écologistes en 2020 à la liste de la maire PS Johanna Rolland. Depuis des mois, il arpente le secteur pour recenser les zones naturelles qui seront affectées par le projet global. *« Une analyse fine, arbre par arbre »*, insiste Patrice Hamelin, de la Métropole. Sur les 1144 individus que comptent les deux microquartiers, 344 seront abattus. 418 nouveaux seront plantés. Et toute la biodiversité du lieu est scrutée : les plus vieux chênes sont l'habitat privilégié du grand capricorne, une espèce de coléoptère protégée, aux allures de long scarabée noir. *« On n'y touche pas »*, assure Guillaume Portero.

« Voir la nature, on aime ça ! Si on bétonne, est-ce qu'on ne va pas enclaver encore plus ? » La voix décidée de Louisa Battoy vibre entre les quatre murs de son petit local, niché dans un bâtiment vieillissant au pied des immeubles, entre la pharmacie, l'épicerie et Mister Binh, l'unique bar du coin. Cette figure du quartier a progressivement délaissé son travail d'aide à domicile pour celui de médiatrice sociale, et fondé il y a dix ans une association d'insertion sociale, Casse ta routine. Avec la paupérisation croissante de la population – une personne sur quatre vit sous le seuil de pauvreté dans les quartiers prioritaires de Nantes Nord –, Louisa et son équipe ont du pain sur la planche. *« Comment voulez-vous que le projet global parle à un jeune du quartier ? Les gens ont besoin d'améliorations rapides. »* C'est pour recueillir suggestions et doléances que le programme de rénovation s'accompagne depuis son lancement de concertations, plus ou moins fréquentées. Ce soir-là, seule Lydie Boismain s'est déplacée à l'atelier participatif organisé à la Mano, le centre socioculturel face à l'arrêt de tram. L'objet du jour : trouver le nom de la future « boucle verte » du quartier, une promenade dessinée dans le cadre du projet global. Face au manque de participants, les organisatrices improvisent un micro-trottoir dans les rues. *« Quelqu'un a proposé "la promenade des Anglais" mais je lui ai dit que c'était déjà pris malheureusement »*, sourit l'une d'elles en rentrant. On ne troque pas si facilement un chêne contre un palmier. XXI

CATHERINE DE COPPET

> Une personne sur quatre vit sous le seuil de pauvreté ici. Alors le projet global n'est pas le premier souci.

Peyo, passeur d'âmes

PEYO A QUITTÉ LA SCÈNE POUR L'HÔPITAL EN 2016, OÙ IL APAISE LES DOULEURS DES MALADES. LE PHOTOGRAPHE FRANÇAIS **JÉRÉMY LEMPIN** A SUIVI PENDANT PLUSIEURS SEMAINES CE CHEVAL AU COMPORTEMENT HORS DU COMMUN ET SON MAÎTRE, AUPRÈS DES PATIENTS DE L'UNITÉ DE SOINS PALLIATIFS DE L'HÔPITAL TECHER DE CALAIS, OÙ LE DUO INTERVIENT DEPUIS 2018.

Hassen Bouchakour a mis au point un protocole pour préparer Peyo à chacune de ses visites à l'hôpital : tonte, shampooing, brossage, déparasitage, vernissage des sabots, habillage. L'enjeu est de respecter les règles d'hygiène du milieu hospitalier et de protéger l'animal. La transmission des germes se fait de l'homme vers le cheval, et non l'inverse.

Le rituel dure deux heures. Il commence au box de l'étalon et se termine à l'entrée de l'hôpital par un tressage des crins de l'encolure et de la queue, pour éviter que les patients aient la tentation de s'y agripper. Peyo ne porte pas de fers, pour ne pas endommager les sols. *« Le cheval adore tout ce processus de toilette »*, témoigne le photographe Jérémy Lempin.

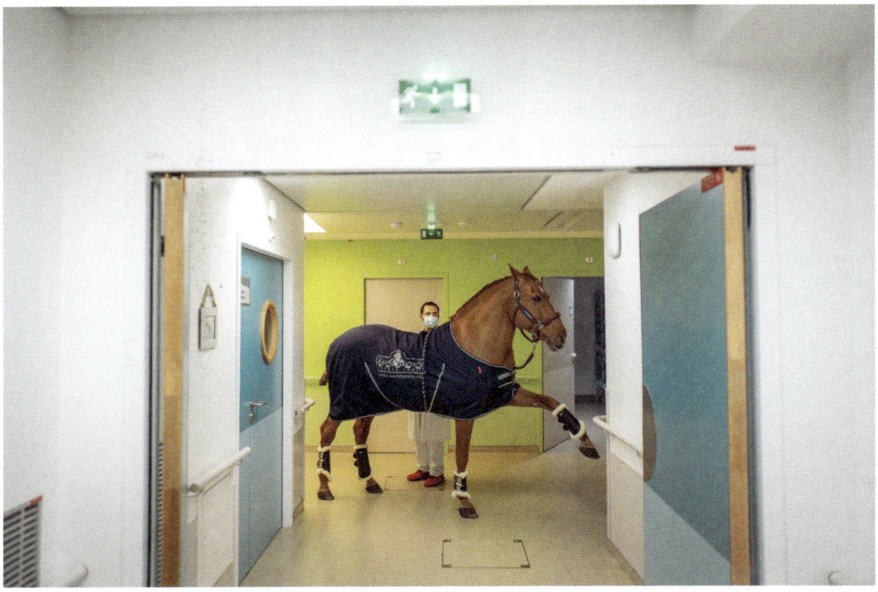

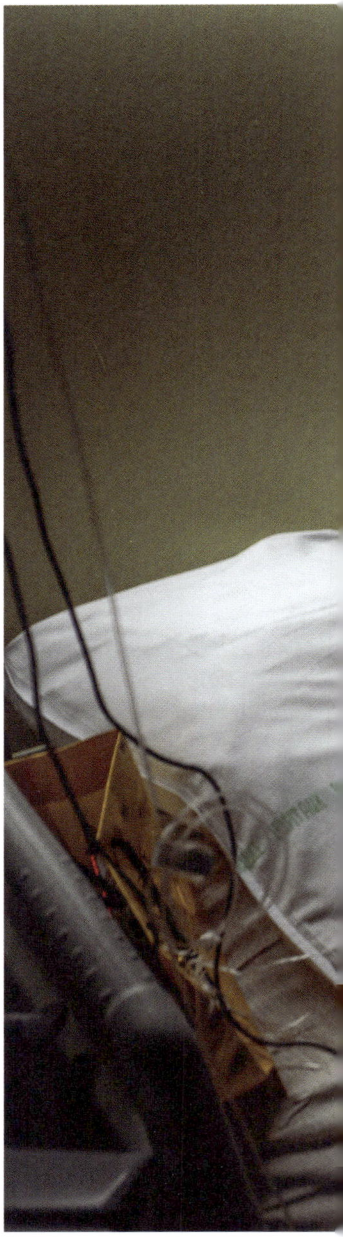

Peyo bénéficie d'une liberté de mouvement presque totale dans le service, au gré de ses choix. *« Il entre spontanément dans les chambres où les situations sont les plus aiguës, ou repasse devant avec insistance »*, raconte Cécile Baelen, cheffe de l'unité de soins palliatifs. Ici, Peyo désigne de sa jambe la chambre d'une patiente, quelques heures avant sa mort. *« Il est resté deux heures devant la porte à trembler de la lèvre inférieure, alors que la famille disait au revoir à cette femme »*, se souvient le photographe.

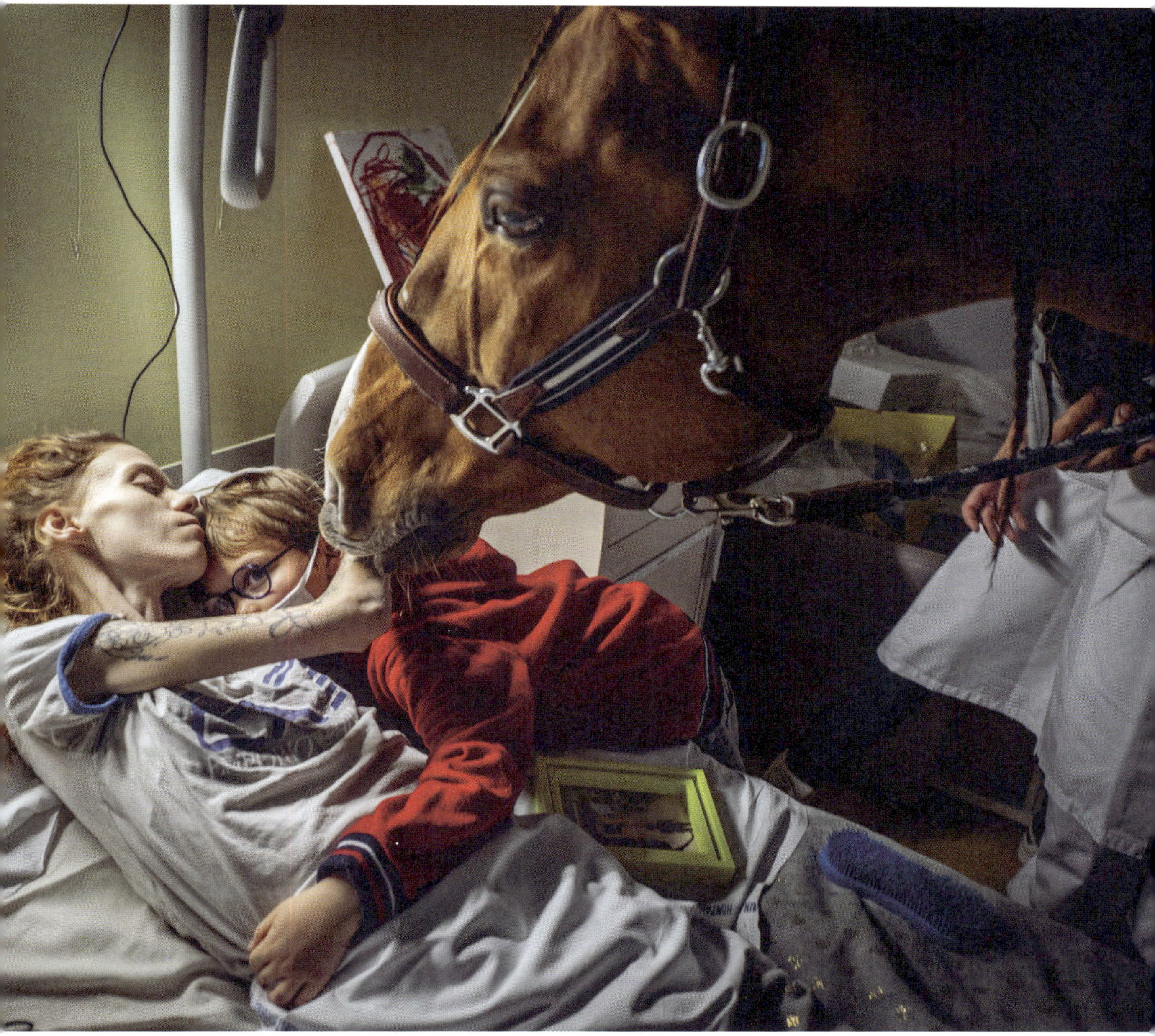

Manon, 24 ans, en phase terminale d'un cancer, serre contre elle son fils Ethan, 7 ans. *« À ce stade, cette femme ne se laissait plus toucher pour un soin ou une toilette. Je n'arrive toujours pas à comprendre comment elle a pu enlacer le cheval, sans douleur. Cette photo semble violente, mais pour l'équipe soignante, ce fut un moment extraordinaire »*, se souvient la docteure Baelen. La cheffe de service témoigne des effets de la présence de Peyo : regain d'énergie, diminution du recours aux antidouleurs ou aux anxiolytiques.

Le cheval a tenu à raccompagner jusqu'à son ambulance Roger, 64 ans, venu à l'hôpital pour une transfusion. Dès lors que Peyo s'attache à un malade, il lui prodigue attention et caresses, et peut lui consacrer beaucoup de temps. Son maître a dû apprendre à suivre son cheval.

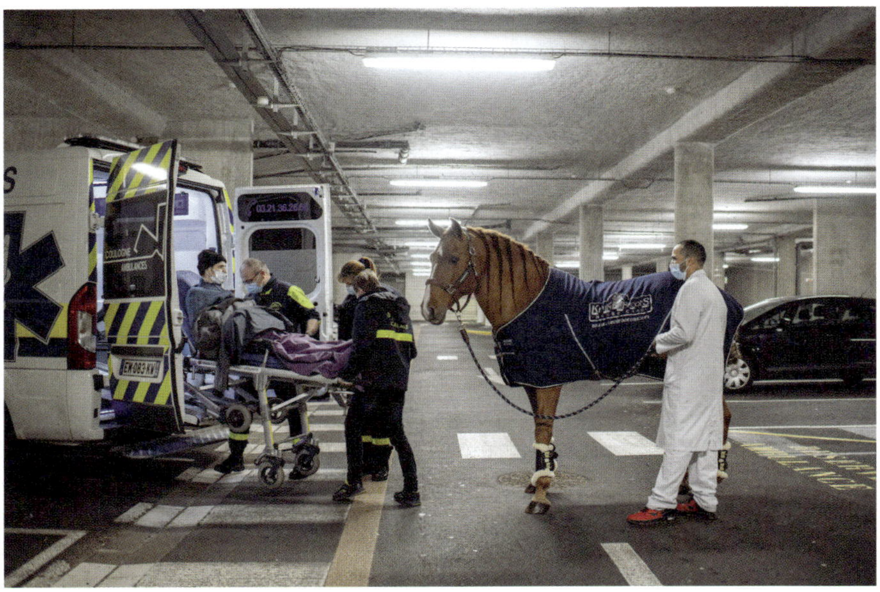

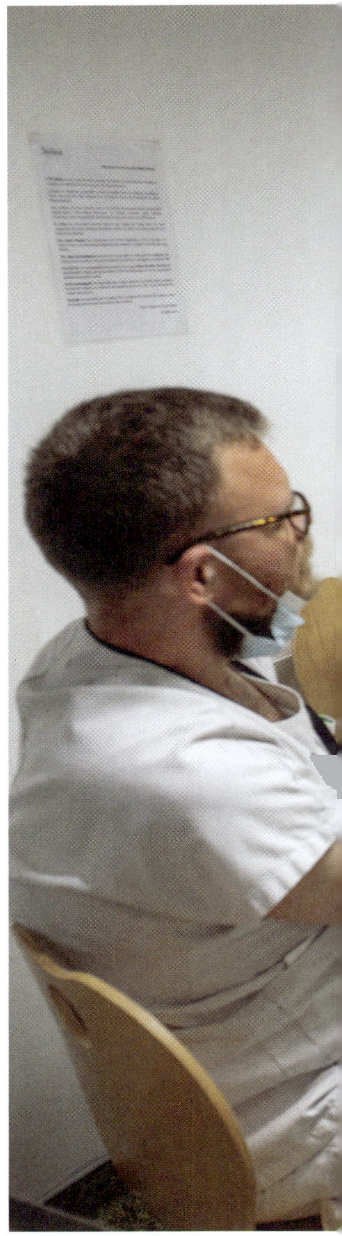

On croise parfois l'animal dans l'espace cafétéria réservé aux familles. Son premier propriétaire l'avait baptisé Peyo – « chiffon » ou « haillon » en occitan. Mais il est communément appelé « docteur Peyo » à l'hôpital ou dans la région de Calais, où il réside. *« Il fait partie intégrante de la prise en charge globale du patient même s'il est libre de ses horaires, il vient quand il veut,* poursuit Cécile Baelen. *Dans certains cas, Hassen et Peyo interviennent à domicile à la demande des familles. »*

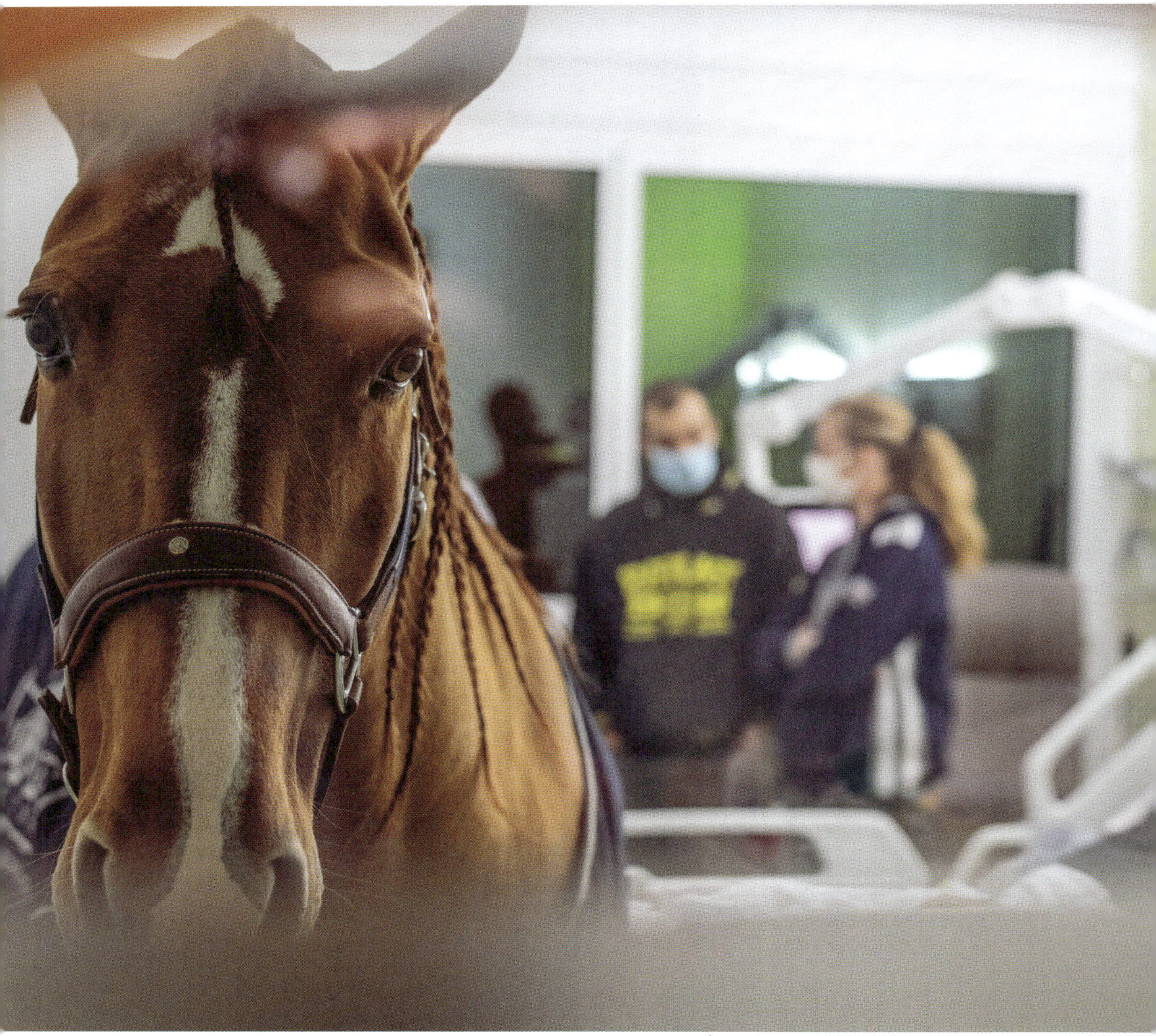

Peyo a un comportement souvent étrange. Selon Jérémy Lempin, il lui arrive de « défendre » la personne qu'il protège, en faisant des allers-retours entre le lit et la porte d'entrée ou en repoussant du bout du nez les personnes qu'il n'estime pas bienvenues. Ce jour-là, Peyo s'est posté devant la porte, à l'intérieur de la chambre de Daniel. *« Il gardait un air menaçant, les oreilles couchées et grinçait des dents, empêchant toute personne d'accéder au lit du patient »*, raconte le photographe.

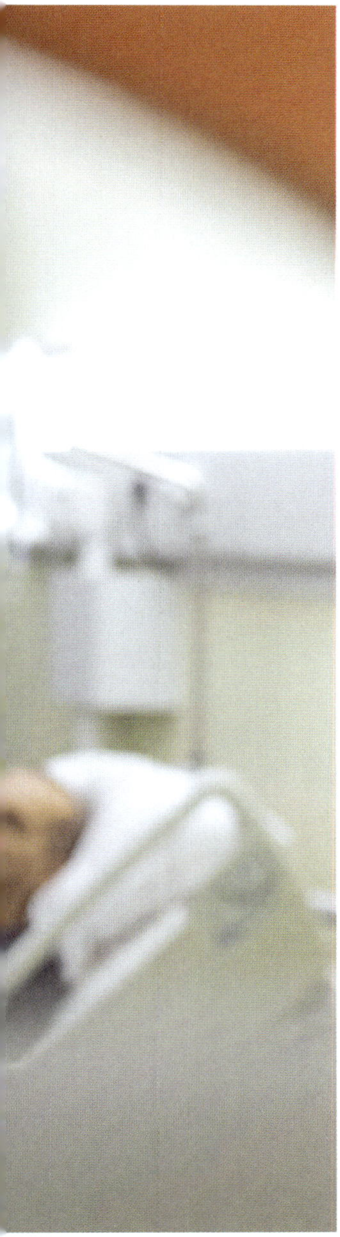

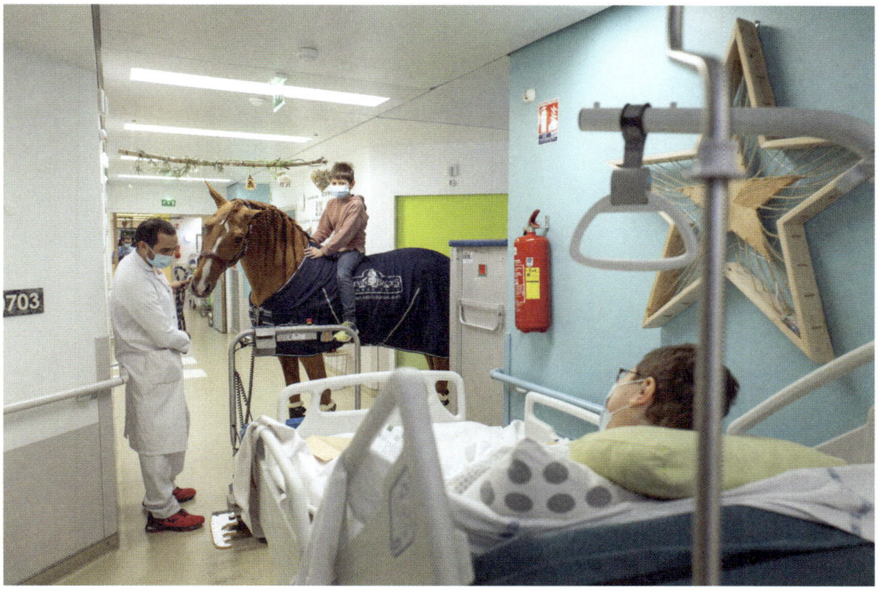

D’après son père, Isac, 9 ans, n’est heureux de rendre visite à sa mère hospitalisée, Amandine, qu’en raison de la présence de Peyo, poursuit Jérémy Lempin. Le cheval a été dressé par Hassen Bouchakour afin de supporter de passer du temps en intérieur. Pour signifier par exemple son envie de se soulager, le cheval balance le bassin. Un signe infime que son maître sait repérer immédiatement.

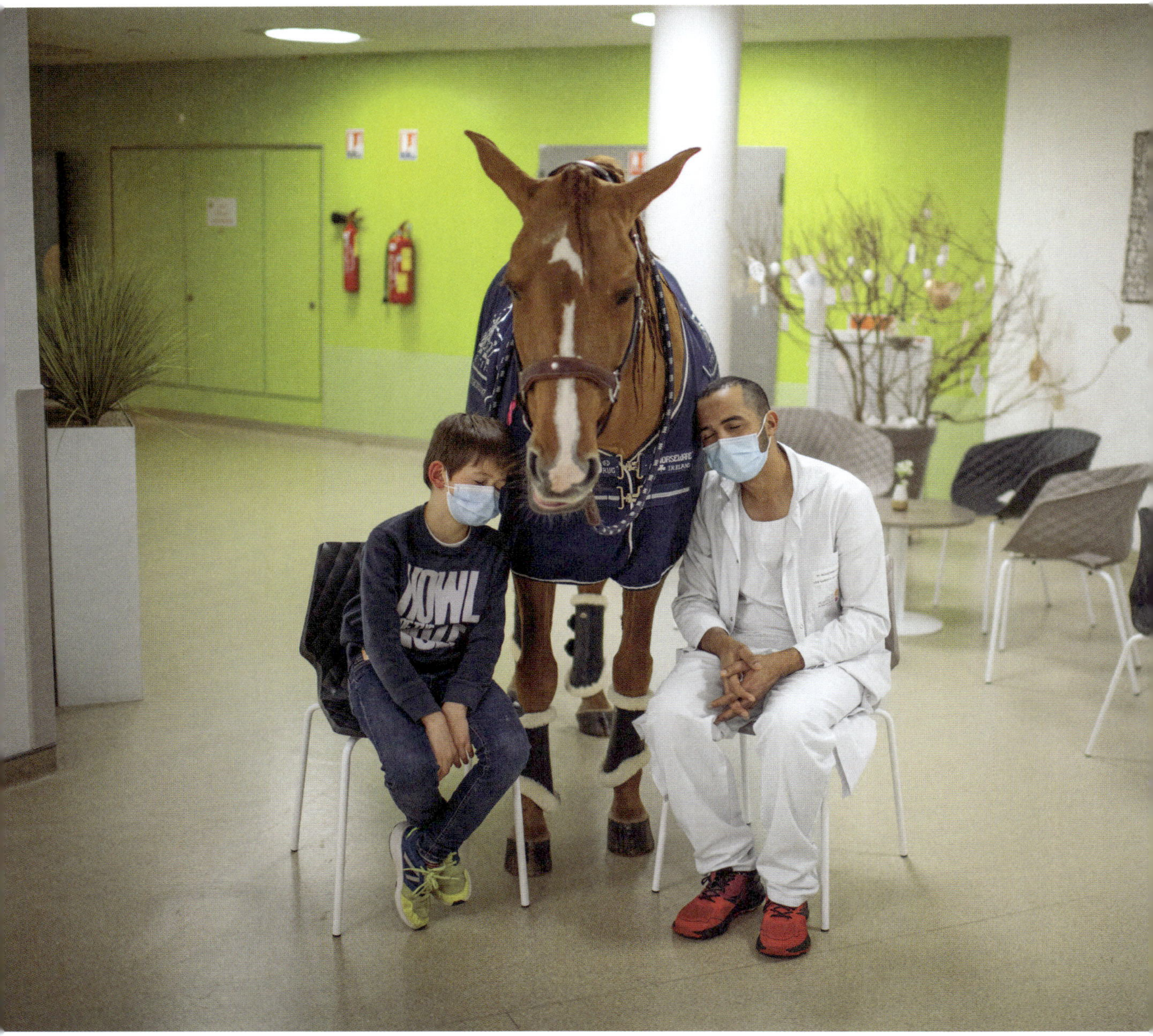

« Quand le cheval entre dans une chambre, ça se passe généralement bien. On n'a jamais eu de rejet d'un patient », commente Cécile Baelen. Selon les Sabots du cœur, l'association de Hassen Bouchakour (ici avec Isac), Peyo et son maître ont accompagné plus de mille personnes en fin de vie.

À côté de corbeilles de fruits et de pain réservées au cheval, on peut voir dans les couloirs de l'unité de nombreux dessins d'enfants à l'effigie du docteur Peyo.

Peyo s'est particulièrement lié à Daniel, ancien cavalier. Alors que le patient se trouvait dans un état léthargique depuis quarante-huit heures, la présence du cheval l'a sorti de sa torpeur, témoigne Jérémy Lempin. Au contact de Peyo, il a pu à nouveau échanger avec ses proches. Il est mort deux jours après.

Il arrive qu'à la demande de la famille Peyo accompagne une personne pour son enterrement. Cela a été le cas pour Daniel : Peyo lui a rendu un dernier hommage devant son cercueil. Par manque de place, il n'a pu assister à la cérémonie à l'église – ce qu'il avait fait pour l'enterrement de Manon, à Dunkerque.

KEVIN BACONS
HORSE CAFE
www.kevinbacons.com

De l'équitation à la relation animale

Bien qu'il soit question de soin par le cheval, Hassen Bouchakour ne se revendique pas de l'équithérapie. *« Ce n'est pas la même démarche, même si le lien entre le patient et Peyo s'apparente à ce que nous constatons entre nos chevaux et les personnes que nous soignons : le contact du cheval leur fait du bien »*, analyse Blandine Caussarieu de l'association Le Pied à l'étrier. Ergothérapeute depuis vingt-deux ans, cette cavalière s'est formée à l'équithérapie il y a quinze ans, et intervient auprès de personnes en situation de handicap psychique, mental ou moteur : *« Être équithérapeute, c'est avant tout être thérapeute, et choisir le cheval comme outil de soin. »* L'association entre cheval et thérapie a été théorisée à la fin des années 1960. *« Il s'agissait d'équitation adaptée pour des personnes handicapées moteur, puis pour de la rééducation motrice »*, explique Jérôme Michalon, sociologue chargé de recherches au CNRS, et coauteur de *Sociologie de la cause animale*.
Au milieu des années 1970, psychomotriciens puis psychologues explorent ces possibilités thérapeutiques. *« On est passé du soin moteur aux soins psychomoteurs, et de l'équitation à la relation à l'animal »*, poursuit le sociologue. Le terme « équithérapie », lui, a émergé dans les années 2000. Pour Jérôme Michalon, l'image que renvoie Peyo participe d'une évolution du regard sur le cheval : *« Il n'est plus cantonné à son rôle de monture. On lui donne une nouvelle utilité sociale, qui sort du rapport de coercition, lié à l'équitation ou à l'exploitation agricole. »* Ici, le cheval, animal empathique, aide l'homme à comprendre ses émotions. *« Ce discours s'appuie sur l'histoire de cet animal et de sa proximité avec l'être humain*, précise Jérôme Michalon. *Pour le dire vite, sans équitation, il n'y aurait pas eu d'équithérapie. »* Cette pratique peine à s'inscrire dans une démarche institutionnelle, car ses bienfaits ne peuvent être prouvés scientifiquement : *« On a voulu les évaluer comme on évalue l'efficacité d'une molécule. Mais les protocoles évacuent par nature tout ce qui relève de la relation. Or c'est précisément la relation à l'animal qui est au cœur du soin par le chien ou le cheval »*, conclut Jérôme Michalon. **C. DE C.**

Peyo et Hassen, une histoire particulière

C'est l'histoire d'un cheval et d'un homme qui se sont trouvés. Peyo, étalon de race barbe, a fêté ses 17 ans en 2022. Jérémy Lempin raconte : *« Son maître, Hassen Bouchakour, artiste acrobate et voltigeur, l'a acquis pour sa beauté, avec l'idée de le dresser pour le faire danser. Avant d'y parvenir, il a fallu du temps. Peyo est méfiant envers ses congénères et envers les hommes, une forte tête. Poulain, il aurait été très malmené, ce qui expliquerait son comportement. »* Dans les années 2010, Hassen observe qu'à la fin des représentations Peyo se dirige souvent vers certains spectateurs, comme attiré par eux. Le maître finit par se rendre compte que son élève aime s'attarder auprès de personnes faibles et malades, en particulier atteintes d'un cancer. *« Hassen Bouchakour affirme que le fonctionnement cérébral de Peyo est unique : il lui permet de détecter cancers et tumeurs chez les humains, et le conduirait à "choisir" certaines personnes pour les accompagner dans leurs derniers instants »*, explique Jérémy Lempin. Hassen Bouchakour a fondé son association en 2016 pour intervenir dans les hôpitaux, à la demande du personnel soignant.

CATHERINE DE COPPET

« La mort n'est pas seulement une fermeture »

Christophe Fauré, psychiatre, explique comment le développement des soins palliatifs a permis d'accueillir les récits d'expérience de mort imminente, de plus en plus nombreux.

Comment en êtes-vous venu à vous intéresser aux soins palliatifs ?
J'ai été interne à l'hôpital Necker-Enfants malades à l'époque où nous recevions les premiers patients touchés par le sida, qui étaient jeunes. À 25 ans, ç'a été ma première confrontation – brutale – avec la fin de vie. Comment l'accompagner ? Comment accompagner le deuil ? J'étais un peu dépassé. J'avais besoin d'un cadre, que les soins palliatifs m'ont offert.

Comment définissez-vous les soins palliatifs ?
C'est tout ce qu'il y a à faire quand il n'y a plus rien à faire. Quand les soins thérapeutiques sont épuisés, on peut continuer à soigner. D'ailleurs, on parle de « soins » palliatifs. Il s'agit d'offrir la meilleure qualité de vie à la personne, à son entourage et aux soignants. C'est une médecine très poussée, dont la base est le contrôle de la douleur. On ne peut avoir une fin de vie apaisée, dire des choses importantes à sa famille, si on a mal. Ni si on souffre de troubles digestifs, neurologiques ou cutanés. De plus, quand les proches assistent à ces souffrances, ils peuvent garder des images qui vont rendre leur deuil difficile. Enfin, les soins palliatifs s'adressent aux douleurs psychiques, en donnant beaucoup d'espace à la parole. Les soignants se font les intermédiaires dans les familles. Des tensions relationnelles se dénouent.

Cette vie... et au-delà
éd. Albin Michel, 2022

Depuis quand les médecins accompagnent-ils la fin de vie à l'hôpital ?
C'est le sida qui a propulsé la mise en place des soins palliatifs. Les associations comme Aides ou Act Up ont beaucoup œuvré depuis les années 1980. Aujourd'hui, depuis une décennie, le choix est fait en France de ne plus développer d'unités autonomes mais de miser sur des équipes mobiles, qui se rendent dans les services, à la demande. Leur avis est consultatif, ce qui suscite des frustrations. Parallèlement se développent des soins palliatifs à domicile, au sein de réseaux qui intègrent le médecin de ville. Ce sont des soins qui nécessitent du temps, et s'anticipent – il faut bien connaître la personne... Ce n'est pas toujours évident. Le dernier versant des soins palliatifs, c'est la formation des soignants. Des diplômes universitaires se créent. Les soignants travaillent sur eux-mêmes, sur leur rapport à la mort. Et apprennent ce qu'il se passe au niveau du corps, mais aussi de l'esprit, à ce moment-là de la vie.

Que se passe-t-il au niveau de l'esprit ?
Je pense à cette infirmière qui a vu, avec les proches de la personne mourante, une lumière sortir de la gorge de cette dernière. Ils osaient à peine en parler après... Or ces histoires ne sont pas rares. Je pense à toutes ces personnes, également, qui, dans différents services à l'hôpital, voient des proches décédés. *« Ma tante s'est assise au pied de mon lit et m'a parlé »*, raconte un patient. *« Un ami décédé m'a dit que mon heure n'était pas encore venue »*, dit un autre. Ces visions ont le pouvoir de faire disparaître la peur de la mort, parce que les gens ont l'impression d'une continuité. C'est aussi ce qu'il se passe dans les expériences de mort imminente (EMI) : un patient, dont le cœur et le cerveau se sont arrêtés, se voit de l'extérieur, pense à des personnes aimées, et revient bien vivant. Sa perception des priorités a changé, il est plus

« Certaines personnes, à l'hôpital, voient des proches décédés. Ces visions ont le pouvoir de faire disparaître leur peur de la mort. »

altruiste, plus aimant. Or comme les techniques de réanimation se sont énormément perfectionnées, il y a de plus en plus d'EMI. Il ne s'agit pas de croire ou non ces récits, mais de les accueillir, d'accompagner les patients qui ont entr'aperçu l'ouverture à une autre dimension. La mort n'est pas seulement une fermeture, visiblement.

C'est très ésotérique...

Il se déroule dans nos services de nombreuses expériences de ce type, racontées par des patients, leurs proches mais aussi le personnel. On ne peut plus faire comme si elles n'avaient pas lieu, ce ne serait pas sérieux. Les anecdotes répétées deviennent des données. Écoutons-les. Confrontons-nous à ce que nous croyons être le réel. Toutes les hypothèses rationnelles avancées – la projection, l'hallucination, l'état mental altéré, des molécules désorientées – ont été battues en brèche. Dans les pays anglo-saxons, il y a des équipes pionnières, universitaires, qui mènent des recherches sur ces sujets. C'est absolument nécessaire. Pour ne pas être dans le rejet ni la fascination. Pour aborder ces faits de manière scientifique.

Pourquoi est-ce nécessaire ?

Accueillir ces expériences permet de mieux accompagner les patients. Sans les leur imposer non plus évidemment. Mais, s'ils en parlent, les soignants – s'ils ont été formés justement – peuvent les aider à donner un sens, un cadre conceptuel, à ce qu'ils viennent de vivre. C'est rassurant. Ça aide aussi les soignants. Beaucoup racontent que, après avoir assisté à un phénomène qui pourrait passer pour paranormal, ils ont changé de vision sur leur métier. Ils sont plus apaisés. Enfin, écouter ces récits nous amène à revoir le paradigme selon lequel la conscience serait localisée dans le cerveau. Dans le cadre des EMI, quand le cerveau ne fonctionne plus, la conscience continue, mais on ne sait pas encore où ni comment. C'est un champ passionnant pour les neurosciences.

N'est-ce pas plutôt le champ de la spiritualité ?

Le courant spirituel donne en effet un cadre pour comprendre ces faits. Mais il ne s'agit pas de spiritualiser la science ni de faire le contraire. Il s'agit de voir comment l'une peut éclairer l'autre. On sortirait de cette dichotomie que le XIXe siècle nous a léguée, qui était nécessaire, mais qui est dépassée. Plus on mettra de sciences dans ces sujets, plus on coupera l'herbe sous les pieds des charlatans.

PROPOS RECUEILLIS PAR ELSA FAYNER

LÉA CRESPI / PASCO

La conscience est indépendante de la matière

DEPUIS L'ÂGE DE 11 ANS, SONIA BARKALLAH EST ANIMÉE PAR UNE PASSION UNIQUE : PROPAGER LA CONNAISSANCE SUR LES EXPÉRIENCES DE MORT IMMINENTE.

Propos recueillis par Patrice van Eersel
Illustrations Benjamin Adam

Je suis née à Rognac, en 1977, longtemps après que mes parents, tous deux d'origine tunisienne, se sont rencontrés à Berre-l'Étang. Mon père était ouvrier dans les raffineries et ma mère, femme au foyer, avant de monter un snack. À l'école, j'étais fluctuante, ça dépendait des années. Le divorce de mes parents n'a rien arrangé. Heureusement, je lisais, du moins certains livres qui me passionnaient.

J'avais 11 ans quand ma plus jeune tante, que j'adorais, est revenue un soir très excitée d'une formation professionnelle. Le prof, un original, leur avait présenté *La Vie après la vie* du psychiatre américain Raymond Moody. Cet homme racontait que des milliers

de personnes, sauvées de la mort in extremis par la médecine, en étaient revenues métamorphosées. Elles n'avaient désormais plus peur de mourir et juraient qu'elles étaient «*sorties de leur corps*» pour faire un tour dans une «*lumière d'amour et de connaissance*». Le psychiatre avait baptisé ça «EMI», pour «expérience de mort imminente».

Dès le lendemain, j'ai foncé à la bibliothèque municipale. J'ai dévoré le livre, préférant aux parties théoriques les témoignages qui me donnaient des frissons tant ils sonnaient sincères. Je me suis alors rendu compte que cette lecture venait de me libérer d'un cauchemar que je me trimballais depuis la petite enfance, quand ma mère m'avait expliqué qu'on mourait lorsqu'on ne respirait plus. Cette image – l'étouffement – me hantait à mon insu. Mes nuits se sont apaisées.

Trois ans plus tard, à 14 ans, j'ai fait une expérience très étrange. J'étais allongée sur mon lit, prête à m'endormir, quand soudain je me suis sentie aspirée à l'extérieur de moi-même pour aller flotter au plafond. Une sensation incroyable. Ce truc allait m'arriver à plusieurs reprises, sans que je puisse jamais le contrôler. Mais la première fois, j'ai commis l'erreur de le raconter à celle que je prenais pour ma meilleure amie. Elle s'est empressée de le répéter aux autres. Moi qui passais déjà pour une «mystique» parce que les mystères m'attiraient, je suis devenue la risée de la cour de récré.

J'étais une adolescente parfois mélancolique. Il m'est arrivé d'avoir envie de me suicider. Particulièrement quand un garçon dont j'étais amoureuse a décidé de suivre son père en plein divorce et de quitter notre ville. Un cafard abyssal m'a engloutie. J'ai arrêté le lycée à 19 ans – un établissement élitiste où je me sentais en décalage. Suivant l'exemple d'une copine, j'ai passé mon permis de conduire, mon brevet de secouriste et je suis devenue ambulancière. Pour gagner ma vie. J'ai pu me louer un appartement. J'étais autonome.

> J'étais allongée sur mon lit, prête à m'endormir, quand soudain je me suis sentie aspirée à l'extérieur de moi-même pour aller flotter au plafond.

Mon expérience au volant d'une ambulance a duré deux ans. J'en garde quelques grands souvenirs. Des rencontres humaines très émouvantes. Parfois, je transportais des gens que je connaissais, notamment un oncle. Et puis un jour, mon passager, un jeune motard accidenté qui sortait de convalescence, m'a confié ce qui lui était arrivé un an plus tôt: il avait vécu une expérience de mort imminente! En un éclair, le livre de Raymond Moody m'est revenu à l'esprit. Le jeune motard en parlait avec des tremblements dans la voix.

Parmi les millions de personnes que l'on arrache chaque année à la mort dans le monde, un bon cinquième a vécu une EMI.

Depuis son accident, son existence s'était métamorphosée et il n'avait plus peur de mourir. C'était donc vrai ?

Du jour au lendemain, ma vie se réoriente autour d'une passion qui ne va plus jamais me quitter : je veux enquêter sur cette expérience aux portes de la vie, tout savoir sur elle et la faire connaître à un maximum de gens, en particulier à ceux que l'existence déprime. Ça m'a aidée quand j'avais 11 ans, ça m'aide encore plus à 19. Même si je ne suis pas bachelière – je le deviendrai deux ans plus tard, à l'arraché, en candidate libre –, je veux partager cet élan. Après avoir travaillé pour deux sociétés d'ambulance, je change un peu de métier, toujours au volant, mais pour la compagnie de livraison UPS. C'est à cette époque que je découvre *La Source noire*, de Patrice van Eersel, le premier ouvrage à faire le lien entre EMI et soins palliatifs – et je me fais engueuler par mon patron parce que je reste accrochée à ma lecture, en oubliant mes clients.

Ça me donne l'idée d'interroger les infirmiers de l'hôpital de La Timone, à Marseille, qui me confirment que nous avons affaire à un phénomène nouveau et même révolutionnaire : aucune autre civilisation n'aurait pu même rêver de disposer de nos méthodes de réanimation. Or, parmi les millions de personnes que l'on arrache chaque année à la mort dans le monde, un bon cinquième a vécu une EMI ! Un documentaire tiré de *La Vie après la vie* de Raymond Moody, que je vois en DVD un soir de 1999, achève de me convaincre. Je SAIS désormais ce que je veux faire : tourner mon propre film sur le sujet. Ma vie prend enfin son sens… mais de façon 100 % virtuelle. Je ne suis encore que chauffeuse-livreuse à Vitrolles, dans les Bouches-du-Rhône. Et je nourris un rêve impossible.

À peine mon bac décroché, un ami me met en contact avec un coordinateur du quotidien *La Marseillaise*, qui me propose de devenir correspondante locale. En une demi-heure de formation – sans rire ! –, j'apprends que je devrai parler de tout ce qui se passe sur les communes de La Fare-les-Oliviers, de Berre-l'Étang et de Rognac. Bientôt, je serai aussi correspondante pour *La Provence* et l'hebdomadaire *Le Régional*. Mes piges ne rapportent guère, le bonheur des rencontres compense mes efforts. Mais quand je propose de parler de l'EMI de mon motard, les portes se ferment net. Je découvre que le tabou est fort. De toute façon, ce n'est pas un travail de localier.

À partir de là, je relève systématiquement toutes les infos sur le sujet. Livres, articles, documentaires… J'apprends l'existence de Xavier Rodier. Détective en Bretagne, ce jeune homme a été confronté à une histoire si sordide qu'il a voulu se suicider. Il en a réchappé, après avoir vécu une EMI si forte qu'il a changé de vie. Il est devenu infirmier. Je le contacte. Il est aussi convaincu que moi de la nécessité de faire connaître les

découvertes que l'EMI permet sur… sur quoi au fait? Sur la vie, sur la mort, et plus encore sur la nature de la conscience. C'est quoi, la conscience? Xavier me dit que la sienne n'a jamais été aussi brillante, forte, lucide qu'au moment où son cerveau se trouvait quasiment à l'arrêt. Comment est-ce possible? Notre conversation nous amène à une conclusion: il faut demander à tous les scientifiques qui étudient le sujet de se réunir en congrès – Xavier me confirme qu'ils sont plus nombreux que ce que mes rédacteurs en chef sceptiques s'imaginent.

Un congrès international à Paris? Je vois déjà l'affiche! Un rêve fou prend forme dans nos têtes. Mais il est plus facile à imaginer qu'à réaliser. Les mois passent et je m'impatiente. Finalement, je sens que Paris est trop loin. Si je veux avoir la moindre chance de concrétiser cette vision, ça ne peut se passer que près de chez moi, à Martigues. Je n'en parle pas trop, on me prendrait pour une maboule. Mais je réfléchis à trois cents à l'heure. Comment m'y prendre?

En février 2005, il m'arrive une chose faramineuse.

Plus tard, j'apprendrai que les yogis appellent ça une «montée de kundalini»: l'éveil de toute notre énergie potentielle. Je ressens d'abord d'énormes vrombissements, comme si j'avais deux réacteurs d'avion dans le dos. Terrorisée, je me mets à prier pour que ça s'arrête. Vœu aussitôt exaucé. Je suis alors prise de violents tremblements et j'ai l'impression qu'une spirale de feu se déclenche en bas de mon ventre. Un truc indescriptible. Il ne me remonte pas le long de la colonne, comme disent les récits tantriques, mais m'habite corps et âme avec tant de force que, d'un coup, toutes mes peurs se dissolvent. Je n'ai pris aucune drogue, mais j'ai l'impression d'avoir mangé du lion !

Dès le lendemain matin, je décide de quitter mon boulot et de créer ma société de production, qui organisera le congrès. J'en profiterai pour tourner les premières images de mon film. Ça me paraît évident, alors que je n'y connais rien, mais alors rien du tout !

Coup de chance énorme, mon employeur du moment, un sous-traitant d'UPS, s'avère supersympa. Sa femme surtout. Elle me propose de me licencier avec des indemnités, grâce auxquelles j'achète un billet pour Montréal. Car je viens d'apprendre que Raymond Moody y donne une conférence. Je DOIS le rencontrer, persuadée que l'inventeur de l'expression « EMI » est le sésame de mon rêve.

Je ne parle pas un mot d'anglais, mais je trouve un interprète québécois formidable. Ça papillonne dans mon estomac quand, en coulisses, le grand psychiatre américain accepte de m'écouter. Et je manque m'évanouir quand il me dit : *« OK, Sonia ! »* Il est d'accord pour que je l'invite en France, comme premier intervenant de mon hypothétique colloque. J'appelle ma mère, qui se porte garante sur un prêt bancaire, en hypothéquant son assurance-vie à hauteur de 15 000 euros. J'en prélève aussitôt une partie pour payer les arrhes à Moody. 15 000 euros, c'est une fortune. Je ne réalise pas que l'affaire va monter bien plus haut. Sitôt rentrée à Martigues, je lance des invitations à une dizaine de pros de l'EMI : le docteur Pim van Lommel, cardiologue néerlandais ; le docteur Sam Parnia, professeur de médecine britannique ; le docteur Mario Beauregard, chercheur en neurosciences canadien ; la biologiste suisse Sylvie Déthiollaz, spécialiste des états de conscience modifiée ; le docteur Jean-Pierre Jourdan, responsable de la branche française de l'Association internationale des recherches sur la mort imminente (IANDS) ; le docteur Jean-Jacques Charbonier, anesthésiste-réanimateur toulousain ; et Evelyne-Sarah Mercier, anthropologue et fondatrice de l'IANDS-France. Comme je l'avais espéré, la seule présence annoncée de Raymond Moody les pousse tous à accepter. Les choses s'accélèrent de

> Un congrès international à Paris ? Je vois déjà l'affiche ! Un rêve fou se forme dans nos têtes. Mais il est plus facile à imaginer qu'à réaliser.

J'ai l'impression qu'une grande page se tourne dans la recherche sur la conscience. Et j'y suis pour quelque chose ! Je dois me pincer pour y croire.

façon folle. Je décide de louer la halle de Martigues pour le samedi 17 juin 2006. Et aussitôt, je fais imprimer des billets d'entrée pour ce que je décide de baptiser les « Premières Rencontres internationales sur l'expérience de mort imminente ».

L'enthousiasme est immense, mais l'appréhension aussi. Et si le public rechignait à se rendre au bord de l'étang de Berre ? Nouveau coup de bol : *Le Magazine de la santé* de Michel Cymès accepte de parler quelques minutes de nous sur France 5. En un éclair, les inscriptions explosent.

Le jour J, ma mère manque de tomber sur les fesses. Elle s'imaginait une sorte de grande réunion de MJC, et elle voit deux mille personnes venues de partout qui se pressent aux guichets. Tous les médias sont là, même internationaux. La plupart des journaux télévisés parlent de l'EMI ce soir-là. J'ai l'impression qu'une grande page se tourne dans la recherche sur la conscience. Et j'y suis pour quelque chose ! Je dois me pincer pour y croire. J'ai 28 ans…

Tandis que les orateurs se succèdent à la tribune, je me projette déjà dans la suite : dès le lendemain, je démarre le tournage de mon propre film.

Le montage se fait à Montréal où j'apprends le métier. C'est à la fois excitant et épuisant. J'aurais à coup sûr fait faillite sans l'apparition d'une bienfaitrice, la première mécène dans mon parcours. Je suis en tout cas très fière de mon titre – *Faux Départ* –, qui plaît aussi à deux stars que je réussis à contacter : Didier van Cauwelaert et Michel Drucker. Ils s'escrimeront à convaincre deux grandes chaînes de me diffuser. En vain – un autre « explorateur de la conscience » ayant été programmé juste avant ma proposition. Mon film réussira quand même une carrière, mais modestement sous forme de DVD, en particulier dans plusieurs facultés de médecine. Et je ferai de belles rencontres, en France, au Maroc, en Tunisie, en Israël, au Québec. J'aurai toutefois l'impression que la malchance, la scoumoune, m'est un peu tombée dessus.

Certains soirs, je m'interroge : que suis-je devenue ? Une chercheuse ? Je ne peux m'avouer qu'absolue autodidacte, mais je m'entoure des conseils de scientifiques. Je sens que l'EMI ouvre une porte radicalement nouvelle. De grands esprits le disent : non, la conscience n'est pas produite par le cerveau comme la bile est produite par le foie. Elle est indépendante de la matière. Mais la science refuse résolument cette hypothèse, et moi, je veux la convaincre « à la loyale ».

Je rencontre le fameux neurologue belge Steven Laureys (je l'avais invité aux Premières Rencontres, mais il n'avait pas pu venir), qui dirige le Coma Science Group de la faculté de médecine de Liège. Il m'interpelle : « *Pourquoi les EMI extraordinaires relatées dans des livres commerciaux ne se retrouvent-elles jamais dans des revues à comité de lecture scientifiques ?»* Il exagère un peu : le cardiologue Pim van Lommel, par exemple, a publié sa formidable enquête dans *The Lancet*. Mais il est vrai que 99 % des institutions médicales et scientifiques se rangent du côté du paradigme matérialiste dur. Que faire pour que les choses bougent ?

D'abord trouver des cas d'EMI sûrs, corroborés par des preuves irréfutables, notamment quand les « expérienceurs » disent avoir assisté à l'intervention des soignants s'acharnant à ranimer leur corps inanimé, cœur arrêté, et donc cerveau en veilleuse. En quête permanente, je jubile à chaque fois qu'un cas se présente. Et finalement, surmontant la déception de ne pas voir mon film diffusé à la télé, je me lance dans l'organisation d'un second colloque.

Cette fois, je vais tomber sur un mécène de poids. Marc Nollet a fait fortune en inventant une membrane essentielle aux opérations de l'œil. Il veut se mettre au service de causes humanistes éclairées. Grâce à lui, nous louons le palais des congrès du Prado, à Marseille, pour mars 2013.

Tous les thèmes seront abordés et j'aurai alors vraiment l'impression d'avoir accompli ma tâche. Mais je finis sur les rotules, et, au bout du compte, moins heureuse que la première fois. Est-ce parce que, malgré la présence de la chaîne japonaise NHK, les médias boudent un peu ? Ou plus profondément parce que, malgré les efforts de tous ces chercheurs, je vois bien que notre société continue de se comporter comme si rien de nouveau ne se profilait à l'horizon ?

Je tente de lancer d'autres projets mais la scoumoune me rattrape à chaque fois. La dépression va durer trois ans.

C'est alors que Fabienne Raoul me contacte. Cette ingénieure et manageuse dans le secteur de l'énergie nucléaire était une matérialiste pure et dure jusqu'à ce qu'un bref coma lui fasse vivre, en plein labo, une EMI ultrapuissante. Si puissante qu'elle a changé de métier pour devenir sophrologue. Quand elle me raconte son histoire, j'ai l'impression étrange de me retrouver chez moi, comme si je me réveillais d'un voyage nauséeux dans la brume. Bon sang, comment ai-je pu flancher de la sorte ?

Plusieurs nouvelles rencontres, notamment avec la psychiatre Laurence Lucas Skalli et le psychanalyste Jacques Baranowski – qui a lui-même vécu une EMI fantastique –, vont m'aider à me remettre en selle. En 2021, je publie l'ouvrage qui résume mon parcours, *Et si cela vous arrivait ?* Fin 2022, au moment où je finis de livrer ce témoignage, je tombe sur une rafale de cas extraordinaires – et de chercheurs éclairés. Alors pas d'hésitation, je me lance dans le tournage d'un second film. Le titre ? Je ne l'ai pas encore trouvé.

COMMENT PROTESTE-T-ON CONTRE UNE MULTINATIONALE DU MINERAI QUAND ON N'A MÊME PAS DANS SA LANGUE LE VOCABULAIRE POUR EXPRIMER LE CONFLIT ? UNE POIGNÉE D'INUITS, DANS LE NORD CANADIEN, S'Y ESSAIE, EN TENANT TÊTE À BAFFINLAND.

Marqués au fer rouge

Par Robin Bouctot
Illustrations Jorge González

Terry regarde sa montre. 10 h 45. « *Il devrait bientôt arriver* », assure l'homme, petite moustache et visage marqué par la morsure du froid. Les autres sont emmitouflés dans de grosses doudounes. Une blague, quelques mots en inuktitut, l'une des langues des Inuits, et le silence retombe dans la salle d'attente du minuscule aéroport de Pond Inlet. Sur les murs, une grande carte de la région, le nord de l'île de Baffin, une affiche aux couleurs passées incitant les chasseurs d'ours polaires à privilégier les mâles et, dans une vitrine, une peau de phoque et quelques os. Dehors, il fait -35 °C et le village semble figé par ce léger vent, glacial, qui sévit depuis la veille. Au loin, un bourdonnement. Les têtes se redressent. Le voilà. Un bimoteur au nez crochu et à la peinture écaillée rase les toits et se pose sur la piste enneigée. Le pilote, un homme blanc avec d'énormes bottes et une épaisse parka, s'extirpe du cockpit, délivre ses quelques passagers et pousse les portes du hall. Appel. « *Combien tu en as ?* » Cette semaine, seulement quatre, répond Terry Killiktee, l'agent de liaison de l'entreprise Baffinland, chargé de réunir pour la mine des travailleurs inuits du village. Un formulaire, deux ou trois questions sur leur précédente mission, prise de température, une signature, une clope et la nouvelle équipe monte à bord. Cap sur Mary River (le nom anglais pour Nuluujaat, site de la mine), à un peu plus de 150 kilomètres. Une petite heure de vol au-dessus des paysages infinis de la toundra pour atteindre « *l'un des gisements de fer les plus purs au monde et l'un des plus riches jamais découverts* », présente fièrement la compagnie minière sur son site Internet. Une gigantesque tache rouge au milieu d'un désert blanc.

Philippa ne parvient pas à se rappeler quel nom portait l'entreprise quand elle est arrivée dans le nord de l'île. Aujourd'hui, c'est « Baffinland », pour Baffinland Iron Mines Corporation (BIMC), propriété de The Energy and Minerals Group, un fonds d'investissement texan, majoritaire au capital, et du géant de l'acier Arcelor Mittal. Philippa Ootoowak, 74 ans, replonge dans ses souvenirs. C'était en 2007, ou peut-être 2008, hésite-t-elle en fouillant dans un tiroir plein de brochures et de vieux papiers. « *Leurs émissaires étaient souriants, très gentils, à l'écoute, quand ils sont venus se présenter auprès des habitants de la communauté à l'époque. Ils évoquaient la richesse en fer du sol à Nuluujaat et leur intention d'y travailler.* » Déjà, elle était méfiante, assure-t-elle, chemisier en laine bordeaux sur le dos, bien droite dans son canapé, une tasse de thé noir à la main. Née en Angleterre, catapultée dans l'Arctique à l'aube de ses 20 ans pour une mission d'infirmière, elle est devenue l'une des gardiennes de la mémoire de Pond Inlet en collectant les histoires des anciens avec un petit dictaphone. « *Je reste une Blanche, mais*

La route de la contestation
Sur l'île de Baffin, dans le Grand Nord canadien, une poignée de chasseurs inuits ont suivi à pied, en février 2021, le trajet (ici en rouge) entre Pond Inlet et Mary River, pour protester contre Baffinland.

toute ma vie est ici », résume-t-elle en prenant son menu du jour à témoin : un ragoût de caribou, cadeau d'un voisin chasseur, cuit à petit feu à côté d'une génoise très aérienne. « *Avec le recul, je crois que les représentants de Baffinland étaient juste venus chercher l'approbation des locaux. Ils avaient déjà leur plan.* » Sur le papier, celui-ci semble fou : extraire du cœur de l'Arctique un minerai d'une pureté sans pareille, le transporter par un moyen ou un autre jusqu'aux côtes de Baffin – immense île située au nord-est du Canada, au-delà du cercle polaire – et profiter des quelques mois où l'océan est libre de glace pour l'acheminer vers les grands ports européens.

Financièrement, « *la demande internationale raisonnablement prévisible de minerai de fer a créé des conditions de marché que Baffinland estime favorables à l'ouverture d'une mine à Mary River* », justifient les représentants de l'entreprise dans la « déclaration d'impact environnemental » du projet, publiée fin 2010. Le cours du fer est alors au plus haut, soutenu par la demande croissante chinoise qui régit le marché. Et la qualité du minerai de l'île, au-dessus de la moyenne du marché, promet des ventes au meilleur prix. La matière extraite dans les grandes mines du Brésil, d'Inde, de Chine, de Russie ou d'Australie contient moins de métal et doit passer par un long processus avant d'être envoyée vers les hauts fourneaux : concassage, broyage, traitement chimique et conditionnement sous une forme exploitable. Ultraconcentré, le fer de

Mary River n'a pas besoin de lourd traitement et peut être réduit en pellets sur place avant d'être directement expédié vers les sidérurgies, contextualise Aaron Kearney-Keaveny, expert au sein de la société de conseil et d'analyse londonienne CRU, spécialiste du marché des métaux.

Mais l'extraction de cette pépite n'est viable économiquement qu'à condition d'augmenter rapidement les volumes exportés, poursuivent les dirigeants de Baffinland dans leur déclaration d'impact : « *En raison de l'éloignement du site, des conditions climatiques, de l'absence d'infrastructures, et de la compétitivité de l'industrie du minerai de fer, le développement de ce gisement de fer ne peut se justifier que par des économies d'échelle. Un volume de production minimum est nécessaire pour générer des flux de trésorerie suffisants.* » L'objectif est de fournir rapidement 18 millions de tonnes par an. Ce pour quoi il faut bâtir des infrastructures lourdes – chemin de fer, port, etc. – dans un environnement particulièrement hostile. À des coûts faramineux.

Plus vaste que le Mexique, le territoire du Nunavut compte une population à peine équivalente à celle de Bourg-en-Bresse, répartie en 25 communautés isolées. Et si les Inuits ont longtemps vécu en petites communautés semi-nomades, commerçant sur les côtes avec les étrangers, ils sont aujourd'hui citoyens canadiens, coincés entre deux cultures et deux systèmes économiques. À tel point que près de 70 % des habitants souffrent d'insécurité alimentaire, tandis qu'une sévère crise du logement oblige à s'entasser à plusieurs familles par maison. Enfin, les Nunavummiut souffrent encore des blessures profondes laissées par la colonisation canadienne de la seconde moitié du XXe siècle : l'alcoolisme et les violences familiales font des ravages, une « *épidémie de suicides* » – selon les termes employés par la presse locale – frappe les jeunes générations, sans repères. La société, abîmée par trop de changements, craque de tous les côtés. Aussi, pour les Inuits, le projet de Baffinland est-il la promesse de retombées économiques considérables – notamment en termes d'emplois et de royalties –, mais aussi la source de nombreuses inquiétudes.

En 2014, l'exploitation du gisement est lancée. Les griffes des pelleteuses entrent en action et les détonations des charges de dynamite résonnent dans la toundra, se souviennent plusieurs employés. Les tombereaux, colossales bennes sur roues, commencent leur manège le long d'une piste cahoteuse de cent kilomètres qui fait office de route pour charrier la précieuse matière rouge jusqu'au tout nouveau port de Milne Inlet, au nord-est de Baffin. La machine est lancée et, déjà, elle s'enraie dans l'esprit de Philippa. Ne leur avait-on pas parlé d'un port près d'Iglulik, de l'autre côté de l'île ? « *Alors que la société se préparait à lancer le chantier approuvé [par les communautés, ndlr], les prix du minerai de fer ont commencé*

Les Nunavummiut souffrent des blessures profondes laissées par la colonisation canadienne : alcoolisme, violences familiales, « épidémie de suicides ».

« Comment croire que Baffinland ne va pas polluer le détroit et faire fuir les mammifères marins, base du régime alimentaire des Inuits ? »

Philippa Ootoowak habitante de Pond Inlet depuis plus de cinquante ans

à chuter et les investisseurs ont craint qu'ils ne permettent pas de soutenir le plan estimé à 5,7 milliards de dollars canadiens», justifie Baffinland devant le Nunavut Impact Review Board, l'institution gouvernementale inuite chargée de protéger l'environnement et d'évaluer les projets de développement sur le territoire. «*Le marché du minerai de fer est en grande partie guidé par la demande chinoise*, reprend l'expert Aaron Kearney-Keaveny. *Or, au début des années 2010, celle-ci a diminué tandis que les mines australiennes et brésiliennes inondaient le marché. De 187 dollars la tonne en février 2011, on est arrivé à 41 dollars en décembre 2015.*» D'où le choix d'un site plus accessible et donc moins coûteux, dans un bras peu profond du détroit de l'Éclipse (qui sépare l'île de Baffin de l'île Bylot), a justifié l'entreprise. Choix finalement validé par le Nunavut Impact Review Board.

«*Une catastrophe.*» Ce plan B fait d'autant plus enrager Philippa que les brise-glaces et les énormes tankers passent désormais tout près du village de Pond Inlet. Si près qu'elle peut en déchiffrer les noms peints sur les coques. «*Comment croire qu'ils ne vont pas polluer le détroit et faire fuir les mammifères marins? Baffinland nous a expliqué qu'il n'y avait personne à Milne Inlet, qu'ils pouvaient y installer leur complexe portuaire de chargement sans déranger qui que ce soit. Ce qu'ils ne comprennent pas, c'est l'importance ancestrale du territoire pour les Inuits. Les narvals migrent dans cette zone, et beaucoup de monde y campe au printemps pour les chasser. C'est la base du régime alimentaire des Inuits. On y allait tous les ans, avant. Désormais, c'est impossible*», soupire Philippa, tout en pestant contre Sakku, «pointe de harpon» en inuktitut, le husky de son petit-fils qu'elle a été obligée de rentrer dans son salon, et qui semble bien décidé à dévorer ses chaussons. «*Il y a une femelle qui lui tourne autour et il a arraché sa chaîne hier. Si mon mari voyait ça, un chien à l'intérieur…*»

Jayko Ootoowak, que Philippa avait rencontré au tout début de sa mission d'infirmière, est décédé l'hiver dernier. Né dans un camp, l'homme appartenait à la dernière génération dont l'existence était régie par trois règles d'or: la chasse, la survie et la communauté. À l'échelle de sa vie, il a tout connu: le nomadisme, la colonisation, la sédentarisation forcée et le grand saut dans la modernité. «*C'était un taiseux. Il n'était pas du genre à vivre dans le passé et à regretter le temps d'avant. Mais, à la fin, il avait compris ce que Baffinland était en train de faire à notre monde. Et il avait peur*», se remémore son épouse.

Un soir de février 2021, Jayko Ootoowak se rend à la réunion publique de Baffinland, consacrée à un nouveau projet, celui de l'expansion de la mine – la «*phase 2*». L'entreprise ambitionne de porter le volume de fer exporté de 6 millions à 12 millions de tonnes par an, et de remplacer la piste des camions entre Mary River et Milne Inlet par un chemin de fer. Jayko est fermement opposé à ce développement : les rails couperaient le chemin de migration des hardes de caribous, il y aurait deux fois plus de cargos dans le détroit, donc moins de baleines, et, surtout, encore plus de bouleversements sociaux devenus synonymes pour lui de dégâts. « *Les gros salaires, les rotations des travailleurs à la mine qui font que leurs enfants et femmes se retrouvent sans personne pour chasser, la dépendance à la nourriture venue du sud et par avion…* », déplore Philippa, qui se souvient encore de son ébahissement quand son mari demande le micro ce soir-là, au moment des prises de parole. La voix de Jayko tremble : « *Si on continue comme ça, est-ce que nos petits-enfants pourront chasser, pêcher et profiter du territoire comme nous ? Je ne crois pas. C'est notre façon de vivre qui est en danger.* » Plusieurs « Aînés », figures de sagesse et d'autorité au sein de la communauté, laissent sortir les mêmes mots lourds, graves. Un cri du cœur d'autant plus puissant que la protestation n'existe pas dans la culture des Inuits, foncièrement pacifiste, insiste Philippa. « *C'est en train de changer, et c'est directement lié à l'attitude de Baffinland, qui ne nous écoute pas.* »

Udlu Hanson assure comprendre que « *tous ces changements puissent faire peur* ». « Vice-présidente du développement

stratégique et de la relation avec la communauté » de l'entreprise, elle est entourée d'une cohorte de communicants pour un entretien en visioconférence. La jeune femme au discours policé est passée par plusieurs grandes institutions et le ministère de l'Économie du Nunavut, avant de rejoindre Baffinland en 2019. Native d'Iqaluit, elle est la seule Inuite de l'équipe de direction de l'entreprise minière, et la seule représentante qui ait accepté de répondre à nos questions. « *Je ne serais pas chez Baffinland s'ils ne travaillaient pas de façon respectueuse de l'environnement et des habitants* », insiste-t-elle en réponse aux critiques émises depuis Pond Inlet, convaincue qu'il est « *possible de trouver un équilibre*

« Je ne serais pas chez Baffinland s'ils ne travaillaient pas de façon respectueuse de l'environnement et des habitants. »

Udlu Hanson au développement stratégique et à la relation avec la communauté

« Quand on nous a dit que des centaines de travailleurs locaux allaient être embauchés, bien sûr qu'on a dit "oui, merci beaucoup". »

Alexandra Anaviapik psychologue à Pond Inlet

entre sauvegarde des traditions et développement de l'activité minière ».

Depuis sa prise de poste, Udlu Hanson s'est envolée un nombre incalculable de fois à bord du petit avion qui relie la capitale du Nunavut, où se trouve son bureau, aux communautés du nord de l'île – Pond Inlet, Clyde River, Arctic Bay, Iglulik et Sanirajak –, les plus touchées par l'activité minière. Des dizaines de réunions, de présentations, d'échanges. La vice-présidente est au centre du « *processus de concertation et de consultation entre les Inuits et l'entreprise* » : « *Il est essentiel dans toutes nos prises de décisions, et inscrit noir sur blanc dans l'accord que nous avons signé avec les communautés.* » Le document de 150 pages détaille point par point les engagements que l'entreprise doit tenir en contrepartie de l'exploitation du précieux gisement, depuis l'obligation de consulter la population pour toute décision majeure, aux quotas d'embauches de travailleurs locaux, jusqu'aux montants des compensations financières à verser aux chasseurs de caribous et d'ours polaires. « *Cet accord est le plus complet de tout le Canada*, s'enthousiasme Udlu Hanson. *Les retombées pour les communautés sont très nombreuses, et ce ne sont pas que des royalties. Mais des emplois, de la formation, des infrastructures, etc.* »

Sur le terrain, la réalité est plus crue. D'après les rapports de Baffinland, sur les presque deux mille employés que compte la mine, la part de travailleurs locaux oscille entre deux cents et trois cents. Principalement à des postes de chauffeurs, cuisiniers ou agents d'entretien. « *Nous allons continuer nos efforts pour augmenter le nombre d'emplois occupés par des Inuits* », promet Udlu Hanson. « *Et les retombées pour les communautés seront encore plus nombreuses si la phase 2 est approuvée* », ajoute-t-elle alors que la validation du projet d'expansion est embourbée dans le complexe processus décisionnel, mêlant l'entreprise, les villages, les institutions du Nunavut et le gouvernement fédéral, qui aura le dernier mot. Mais, alors que la fronde des Inuits contre cette phase a pris de l'ampleur, il est désormais très embarrassant pour le ministère canadien des Affaires du Nord de se positionner, comme en témoignent les multiples reports de la décision finale ces derniers mois.

Alexandra Anaviapik, regard brillant, cheveux noir de jais colorés d'une mèche mauve, laisse toute sa colère sortir dans un petit bureau de l'école Ulaajuk, tard après la fermeture. « *Quand on nous a dit au début que des centaines de travailleurs locaux allaient être embauchés, que des millions de dollars allaient venir soutenir notre économie, bien sûr qu'on a dit "oui, merci beaucoup". Mais si on avait su tout ce que cette mine changerait pour nous et pour notre façon de vivre…* déplore la psychologue de 34 ans. *Ils détruisent tout.* » La jeune femme cuisine et prend ses douches à l'école, parce que l'appartement où elle dort est surpeuplé,

« et qu'il s'y passe des choses très compliquées : des histoires de manipulation, de drogue... » C'est invivable. *« Mais je suis célibataire, sans enfant : j'en ai au moins pour vingt-cinq ans sur la liste d'attente avant qu'un logement me soit attribué. »* Sur l'île de Baffin, les chantiers sont extrêmement coûteux – les matériaux étant acheminés par cargo depuis le sud, l'été, après en moyenne trois semaines de navigation. Près de 40 % des Nunavummiut ont *« un besoin impérieux de logement »*, alerte le gouvernement local et, dans certains villages, près de 70 % des habitants sont contraints de s'entasser dans des conditions désastreuses.

Derrière Alexandra, dans les bibliothèques de son bureau, des étagères pleines de mythes et légendes de l'Arctique, qu'elle aime tant raconter et *« un petit peu croire »*. Tout autour, de trop hautes piles de dossiers renfermant les *« traumatismes »* et les douleurs enfouis des écoliers. Chaque jour, elle essaie de mettre des mots sur ces souffrances. Mais la tâche est immense. *« La société a été tellement abîmée et traumatisée ces dernières décennies... »* La précarité, la faim, l'alcool et la rage sévissent derrière les portes des maisons, et n'épargnent pas les enfants. *« La violence, les abus sexuels... Ces drames se transmettent entre les générations depuis la colonisation »*, déplore la jeune femme en évoquant les pensionnats où ont été envoyés de force des milliers d'enfants autochtones jusqu'à la fin des années 1990 – aujourd'hui qualifiés de *« survivants »*. *« On a essayé de détruire notre culture, nos liens avec les autres, notre langue. C'est profond. »* Sur son téléphone, elle fait défiler des petits bouts de son histoire. Entre deux photos jaunies de ses ancêtres, un cliché d'un disque rouge avec un numéro. *« L'étiquette pour identifier les "Esquimaux" »*, que son grand-père, né nomade, fut obligé de porter autour du cou, comme tous les Inuits du Canada, jusque dans les années 1970. Une larme roule.

En plus de son travail de psychologue à l'école, la jeune femme est parfois gardienne de nuit des quatre cellules de la « prison » du village. *« Je vois bien que la plupart de ceux qu'on arrête sont des gars qui bossent à la mine et qui boivent leur argent »*, assure-t-elle. Sachant qu'il faut compter entre 100 et 150 dollars pour 350 millilitres de vodka en flacon de contrebande. *« Quand je vois le mal qu'ils nous font, j'ai de la haine. »* Alexandra découvre ses bras, où s'entrecroisent des lignes de symboles et quatorze minuscules *« kakivak »*, les tridents de l'Arctique, dessinés à l'encre noire. *« L'Église nous a longtemps interdit les tatouages. Ils ne réapparaissent sur les corps et les visages que depuis quelques années. Ils me ramènent à l'essentiel »*, confie-t-elle, fière du mouvement de réappropriation culturelle engagé par les habitants du Grand Nord. Cette *« révolution des mentalités »* a encore franchi un cap très récemment, s'enflamme l'Inuite passionnée : *« Lorsqu'on a décidé de dire non aux Blancs et à Baffinland, qui est une très grande entreprise.*

Sur le terrain, la réalité est plus crue. Sur les presque deux mille employés que compte la mine, la part de travailleurs locaux oscille entre deux cents et trois cents.

C'est fou, c'est si loin de notre culture. On a toujours tout accepté mais, là, on leur a montré qu'on était capable de dire stop, de les arrêter si on le décidait», lâche-t-elle, en évoquant l'écho d'autres luttes autochtones – contre l'oléoduc géant Keystone XL ou le pipeline Coastal GasLink dans l'Ouest américain.

Jonathan Pitseolak est perdu dans ses pensées tandis que la neige craque sous ses bottes. Sa fine moustache est couverte de givre. Il allume une cigarette. Le jeune homme de 22 ans aimerait s'en passer, mais c'est comme ça : au Nunavut, on fume. Il revient de Salmon Creek, audelà du cimetière, un coin où il aime tout oublier face à la banquise et aux pyramides majestueuses de l'île Bylot. Bientôt, ils seront nombreux à traverser le détroit et à grimper sur ces montagnes pour récolter les œufs des oiseaux migrateurs nichés le long des parois. Un camion-citerne, de retour de la réserve d'eau potable, déboule dans un nuage de givre. Deux types en combinaison bleue sont dans la cabine. Les mains se lèvent pour se saluer. Mille sept cents habitants vivent à Pond Inlet, la troisième plus grande communauté du Nunavut et, même si le village est en plein boom, Jonathan reconnaît encore la plupart d'entre eux rien qu'à la couleur de leur manteau. Sur le chemin, quelques bateaux à moteur recouverts de neige. Des quads. Des fourrures d'ours et des peaux de phoque écartelées dans de grands cadres en bois. Des conteneurs rouges, jaunes, verts, vestiges des derniers ravitaillements. Des carcasses de pick-up, de grosses couvertures roulées en boule, des harpons alignés le long des murs, des bidons d'essence et de longs qamutiik, les traîneaux traditionnels. Les maisons devant lesquelles s'entasse le plus grand foutoir contrastent avec celles dont rien ne dépasse, signe de dénuement. Les inégalités sont chaque année un peu plus criantes. «*Tous les anciens le disent*», assure Jonathan.

Au pied du petit escalier du 1057E, sa maison jaune pâle, il y a deux gros chiens enchaînés, un Ski-Doo – marque de motoneige devenue le terme d'usage – et quelques caisses en bois. En entrant, son visage s'illumine. Le jeune homme aux cheveux bouclés attrape le tambour, frappe quelques coups, boum, boum, balance son corps «*à la manière d'un ours en fuite*» et commence à fredonner, en inuktitut, la vieille chanson de cette femme perdue sur la banquise. «*Il n'y a rien qui ne me rende plus heureux. Quand on est plusieurs à jouer, on entre dans une sorte de transe…*» Surnommé «le philosophe» par ses amis, respecté par les anciens, Jonathan, orphelin à 3 ans, a été éduqué «*par la communauté*» comme la réincarnation d'un de ses ancêtres. Il parle lentement, pèse chacun de ses mots et reconnaît être un peu perdu. Du haut de son mètre 80, ce chasseur fait tout son possible pour vivre «*de façon*

Début février 2021, les « Gardiens du territoire Nuluujaat », lassés des discussions dans le vide, prennent la route de la mine. Le voyage dure deux jours, par - 45 °C.

« La neige était rouge sur au moins un kilomètre. Même la fourrure des lapins et des renards était rouge. »

Jonathan Pitseolak chasseur de 22 ans

traditionnelle, en harmonie avec [son] environnement, et préserver les savoirs millénaires ». Il se tient prêt à « *redevenir nomade, comme les Inuits l'ont toujours fait, si jamais tout s'effondre un jour* ». Tout en jalousant la 5G de ses amis d'Ottawa. « *Quand je joue en ligne, il y a tout le temps des bugs ici… C'est infernal !* »

Conscient que les mots ne suffisaient plus « *pour être entendu* » face au rouleau compresseur de Baffinland, Jonathan a décidé de passer à l'action. Début février 2021, un petit groupe de chasseurs, lassé des discussions dans le vide et des réponses polies de l'émissaire de Baffinland, entreprend de prendre la route de la mine. Ils se donnent un nom : les « Gardiens du territoire nuluujaat ». Jonathan est parmi eux. Le voyage dure deux jours, par -45 °C, au plus fort de l'hiver. « *Nous n'avons même pas de mots dans notre langue pour dire ce que nous étions en train de faire. Nous n'aimons pas le conflit. Mais Baffinland ne nous écoutait pas. Il fallait leur faire comprendre qu'ils allaient trop loin, et surtout trop vite.* » Pour rejoindre la mine, les Gardiens partent de Pond Inlet, remontent par le nord sur la banquise, campent près de Milne Inlet, et longent la piste des camions. « *La neige était rouge sur au moins un kilomètre de part et d'autre de la route. Même la fourrure des lapins et des renards était rouge. Leurs scientifiques nous disent que cette matière ne tue pas les animaux, donc que c'est OK… Est-ce que c'est un critère suffisant ?* » Le jeune homme se lève. Punaisée au mur, une vieille carte de la région, annotée en inuktitut. Son doigt s'y promène. Il passe lentement, en silence, sur le tracé de la piste des camions et sur la zone portuaire où les énormes cargos viennent charger le minerai de fer dans leurs cales.

Aussitôt arrivés à Mary River, les sept chasseurs se divisent pour bloquer la piste d'atterrissage et la route du port. Partout, des alarmes sonnent, les moteurs des tractopelles et des foreuses sont coupés. Une équipe de sécurité vient à la rencontre des chasseurs inuits. « *C'est une action non violente, nous ne voulons de mal à personne, nous sommes là pour nos communautés. Dites à votre boss de nous écouter. Nous n'avons pas l'intention de blesser qui que ce soit ni de faire peur. Nous allons bloquer la mine, désolés pour la confusion* », récite Jonathan plus d'un an après l'action à laquelle il repense si souvent. Le site est aussitôt mis à l'arrêt, les sept cents travailleurs, forcés au repos – les effectifs étaient alors réduits sous la menace du Covid-19 et les travailleurs inuits, contraints de rester chez eux.

Les regards des médias canadiens se tournent enfin vers le Grand Nord. Des messages de soutien parviennent de plusieurs communautés du Nunavut. À Pond Inlet, des femmes prennent des bouts de carton et écrivent au marqueur « *Do you hear us ?* » Le blocage dure une semaine et, après sa levée, le PDG de Baffinland, Brian Penney, déplore la perte de 14 millions de dollars pour l'entreprise. Le rapport de force entre les habitants du Grand Nord et la superpuissance minière en sort complètement renversé.

> **« Quand je travaillais à la mine, j’allais aussi chasser pendant mes repos. L’un n’empêche pas l’autre. »**
>
> **Kenny Merkosak** natif de Pond Inlet

Joshua Arreak, le maire de Pond Inlet, préférerait esquiver le sujet. L’homme, trapu, grosse moustache et fines lunettes, finit par lâcher prudemment quelques mots, avant de filer à l’église anglicane. « *On est face à un choix difficile : le développement économique, les jobs et l’argent ou la défense de notre mode de vie traditionnel. Ce n’est pas facile, et on n’est pas tous d’accord. Mais c’est dommage, on ne devrait pas se battre. Et le blocage de la mine, ce genre d’action et d’attitude, ce n’est pas correct* », déplore celui qui est élu depuis 2019. « *Je suis comme tout le monde : la plus grande part de ce que je mange vient du territoire, et je sais ce qu’ils font aux narvals et aux phoques. Mais d’un autre côté, on a de plus en plus de jeunes ;*

si le projet d'expansion est validé, il y aura davantage de jobs pour les Inuits.»

Kenny Merkosak, exaspéré par les caricatures simplistes, dit la même chose, la colère en plus. Longtemps coutumier des rotations de deux semaines à la mine et des journées de douze heures, ce natif de Pond Inlet est remonté contre ceux qui s'opposent au projet d'expansion, «*surtout ceux qui ne vivent pas ici*». Une allusion à Greenpeace et WWF, entre autres, qui ont affiché leur soutien aux «Gardiens» dans leur bataille contre Baffinland. «*Le Nunavut a vraiment besoin d'argent et d'emplois. Et nous sommes capables de dealer avec eux. C'est aux Inuits de décider de leur destin.*» Après des années passées à supporter les énormes foreuses, le souffle des explosions et les concasseurs, l'homme, robuste, parcourt à nouveau la banquise en quête de phoques et de poissons pour un important centre de distribution alimentaire d'Iqaluit, la capitale du Nunavut. «*Quand je travaillais à la mine, j'allais aussi chasser pendant mes repos. L'un n'empêche pas l'autre.*»

Shelly Elverum, un temps embauchée par Baffinland, est une pile électrique à la bonne humeur contagieuse, et saute d'une idée à l'autre au volant de son gros pick-up noir. «*En fait, c'est très simple. C'est un*

mode de vie contre un autre, et l'un d'eux est en train de mourir à petit feu », déplore-t-elle en se garant devant la Coop, l'un des deux magasins du village. Née dans le Nord, de parents blancs venus du sud du Canada, elle était persuadée d'être une Inuite jusqu'à ses 5 ans. « *Après tout, j'avais les cheveux noirs comme tout le monde, je ne me posais pas de question. Quand nous avons voyagé dans le Sud, ce sont les autres qui m'ont dit que, non, je n'étais pas vraiment comme les Inuits. Quel choc !* » Revenue à Pond Inlet il y a une vingtaine d'années, elle n'en bougerait pour rien au monde. Ici, on l'a rebaptisée « Arnakutaak » – « grande femme » en inuktitut – et définitivement intégrée à la communauté le jour où elle a perdu ses jumeaux. « *Deux jeunes couples sont aussitôt venus nous voir pour que nous adoptions leur bébé. Les Blancs sont trop bêtes pour comprendre.* » Dans les rayons, où les paquets de chips se vendent 13 dollars, le chou vert, 7 dollars pièce et les pizzas au poulet, 25 dollars, elle résume l'enjeu de l'époque : « *Tu manges un truc comme ça, tu vas dehors, t'es mort. Ton corps a besoin d'autre chose si tu pars deux jours sur la banquise. Et puis un phoque ou un caribou, récoltés sur le territoire, représentent bien plus qu'une simple "nourriture". C'est chargé de sens. Pour l'obtenir, il a d'abord fallu aller chasser, parfois loin, avec toutes les connaissance que cela implique. Puis tuer l'animal, le préparer sans rien gaspiller et le partager, traditionnellement sans rien demander en retour. Simplement donner pour faire vivre la communauté. Finalement, il y a tous les piliers de la société inuite derrière ce morceau de phoque.* »

Anthropologue « *seulement de formation* », Shelly a été recrutée en 2005 par Baffinland pour faciliter l'intégration des connaissances des Inuits dans les plans de l'entreprise minière avant l'exploitation du gisement. Une idée encourageante, sur le papier. « *Même si faire appel à une Blanche pour ce travail, c'était déjà assez révélateur.* » Sur la table de sa cuisine, elle ouvre un gros classeur. Des dizaines de cartes retraçant les migrations des caribous, les aires de cueillette et toutes ces routes invisibles fréquentées par les Inuits. Tout sauf un désert. « *On a travaillé avec un groupe de jeunes et d'anciens du village pendant cinq ans pour réaliser ce document, puis on l'a remis à Baffinland. Sauf qu'ils ne l'ont pas interprété correctement. Les Inuits évoquent toujours à demi-mot l'importance de telle ou telle zone. Du coup, pour les gens de l'entreprise, telle ou telle zone était anecdotique.* » Elle s'arrête un instant. « *Ils pensent en termes de logique, avec des données qui doivent rentrer dans des cases. C'est à ce moment-là que j'ai compris que ça ne marcherait pas, tout simplement parce qu'ils ne parlent pas la même langue que nous.* » Convaincue que rien n'évoluerait, Shelly refuse en 2010 de renouveler son contrat avec Baffinland.

« Les Inuits n'évoquaient qu'à demi-mot l'importance de telle ou telle zone. Du coup pour l'entreprise, telle ou telle zone était anecdotique. »

Shelly Elverum ancienne employée de Baffinland

« L'époque où Ottawa l'emportait sur les nations et les gouvernements autochtones pour l'exploitation des ressources est révolue. »

Daniel Vandal ministre des Affaires du Nord

Michael Inuarak est étonné. Il n'y a pas si longtemps, personne n'aurait imaginé courir derrière un emploi, un salaire régulier et des horaires. À l'occasion, le jeune Inuit de 25 ans emmène les riches touristes déposés par les bateaux de croisière au plus près des ours polaires, guide des « *aventuriers* » dans l'immensité de la toundra ou conseille des scientifiques, car « *il faut bien trouver des moyens de gagner de l'argent de temps en temps* », admet-il d'une voix basse et lente. Une vie assez commune pour un Inuit de Pond Inlet, « *au jour le jour* » : alternance de jobs, de grandes expéditions pour nourrir ses proches et de longues périodes « *plus paresseuses* » à la maison, confie Michael en enfilant anorak, grosses bottes et lunettes de soleil.

Sous sa maison sur pilotis, il attrape une hache et des harnais, et descend en motoneige vers la banquise. Il fait -25 °C, le soleil brille et les montagnes aussi. Deux huskies blancs grognent et montrent les crocs. Le plus petit bondit, la gueule grande ouverte. Un râle sort de la gorge de Michael. Pas très fort, mais les deux bêtes s'arrêtent aussitôt. « *À l'origine, la mine, je ne suis pas contre, comme beaucoup. Elle offre des jobs. Surtout que la plupart des bons emplois en ville sont pris par des Blancs, qui sont toujours bien mieux payés que nous. Malheureusement c'est pareil avec la mine, on a les moins bons emplois* », regrette-t-il, conscient que la plupart des Inuits n'ont pas les niveaux de qualification technique exigés. Au Nunavut, moins de 50 % de la population a suivi un cursus d'enseignement secondaire. Mais ce qui désole Michael, ce sont surtout ce qu'il appelle les « *mensonges* » et la « *stratégie de manipulation* » de Baffinland. L'entreprise prend en charge la distribution alimentaire à l'école, développe un système de bourses, offre des ordinateurs portables aux lycéens, finance un tournoi de hockey à Arctic Bay et tous les frais pour s'y rendre, donne de beaux paniers garnis à l'occasion des fêtes. En ville, son logo est partout. « *Ils apportent des choses à la communauté, c'est vrai, mais avec des arrière-pensées* », accuse Michael.

La décision, tant redoutée, est finalement tombée mercredi 16 novembre 2022, en fin de journée. Après plusieurs reports et au terme d'interminables consultations, Daniel Vandal, le ministre des Affaires du Nord, a dit « *non* » au grand programme d'expansion de la mine de Baffinland. « *L'époque où Ottawa l'emportait sur les nations et les gouvernements autochtones pour les projets d'exploitation des ressources est révolue* », a déclaré le représentant fédéral dans la foulée, en se rangeant derrière les recommandations des organisations inuites. Aussitôt, à Pond Inlet, les moteurs des motoneiges se sont mis à gronder en guise de cri victorieux, et la nuit polaire s'est embrasée, fendue par les explosions rouges et jaunes des feux d'artifice.

« Le mot "pouvoir" n'existe pas »

Caroline Hervé est professeure en anthropologie à l'université Laval, à Québec. Elle est titulaire de la chaire de recherche sur les relations au sein des sociétés inuites, spécialiste en anthropologie politique.

XXI Dans les sociétés inuites, les « Aînés » occupent une place importante. Qui sont-ils ?
Ce n'est pas un statut attribué à un âge fixe, même si ce sont bien sûr davantage des personnes d'un certain âge qui en jouissent. Derrière ce mot, il y a surtout l'idée du savoir acquis au fil d'une vie. Ces « Aînés » sont dépositaires des connaissances partagées par les générations précédentes – et on parle d'une société dont la culture est avant tout orale. Ils connaissent le territoire, les chemins de migration des animaux, les histoires de chaque famille... Ils sont détenteurs du capital nécessaire pour la survie du groupe dans un environnement difficile. Bien sûr, les grandes transformations de la société à partir de la seconde moitié du xxe siècle ont remis en question l'importance de leurs connaissances.

Quel est leur rôle aujourd'hui ?
Leurs connaissances sont toujours très importantes, mais plus dans un cadre familial que dans les décisions collectives, qui se prennent désormais au sein des institutions. Là, c'est davantage celui qui a les meilleures aptitudes techniques qui décide, plutôt que les figures de sagesse. Dans le cadre familial, les plus jeunes ne sont pas censés poser de questions directes aux aînés ni écouter leurs conversations, et ils doivent obéir à leurs demandes. Il y a un terme en inuktitut pour désigner le sentiment complexe que cette relation leur inspire : « *iliranaqtuq* », qui intègre l'idée de crainte et de respect.

Plusieurs Aînés, dans ce reportage, expliquent que les Inuits n'aimaient pas le conflit, mais que la manière de faire de Baffinland a éveillé leur colère...
Avant la sédentarisation, qui date de moins de soixante-dix ans, les Inuits vivaient en petites communautés semi-nomades, et les décisions se prenaient à plusieurs. Il y avait une culture du consensus, qui était centrale dans leur vie. Elle perdure, bien qu'elle soit bouleversée. L'entente collective reste importante, et les Inuits privilégient l'harmonie sociale aux conflits. Mais cela ne veut pas dire qu'il n'y en a jamais. Par exemple, il y a eu des résistances face à l'instauration de quotas de chasse aux caribous ou aux mammifères marins. Aujourd'hui encore, il arrive que des chasseurs refusent de les appliquer quand ces restrictions sont fixées par les institutions canadiennes : ils considèrent qu'ils sont libres d'administrer les ressources de leur territoire. Que de telles attitudes sont « coloniales ». Ici, dans le contexte de la mine, si certains Inuits se sont rebellés, c'est pour reprendre et retrouver du pouvoir politique dans un rapport de forces moderne. Mais il faut savoir que le mot « pouvoir » n'existe pas en inuktitut. C'est un concept très occidental. Chez les Inuits, toutes les relations s'organisent à travers le concept d'entraide et de coopération. On évite la bataille. Alors, le blocage par les « Gardiens du territoire », cette façon de dire « non », c'est exceptionnel.

Les institutions du Nunavut tiennent-elles compte de ces spécificités culturelles ?
Non, pas du tout. Les institutions du Nunavut sont clairement calquées sur celles du Canada. C'est très éloigné du modèle de vivre-ensemble traditionnel des Inuits. Certes, certains programmes ont eu pour ambition d'intégrer dans ces institutions les savoirs, valeurs et croyances de la société inuite, corpus qu'on appelle l'« Inuit Qaujimajaturangit ». Mais la question divise les chercheurs : pour certains, les changements ne sont que de surface, la majorité des postes de décision au sein des institutions étant toujours occupés par des Blancs.

PROPOS RECUEILLIS PAR ROBIN BOUCTOT

L'Anglais Martin Frobisher découvre l'île de Baffin.

AKG IMAGES

Du commerce de fourrure aux mines d'or et de fer

L'île de Baffin est découverte en 1576 par le marin anglais Martin Frobisher et devient possession britannique. Au XIXe siècle, la Compagnie de la baie d'Hudson – entreprise anglaise du commerce des fourrures et actrice centrale de la colonisation du nord du Canada –, attirée par les animaux à fourrure, installe des « postes de traite » sur l'île : les chasseurs y échangent leurs proies contre des produits manufacturés, des armes à feu ou du tabac. En 1880, le Royaume-Uni cède les îles arctiques au Canada. Les richesses minières restent épargnées par les grandes industries occidentales. Trop loin, trop cher, trop compliqué.
Au sortir de la Seconde Guerre mondiale, le gouvernement fédéral canadien commence à considérer ce territoire comme stratégique. Quelques villages sont bâtis à la hâte, pour y installer les Inuits. Les chiens sont abattus. Les enfants sont séparés de leur famille pour être convertis à la religion chrétienne et assimilés à la société canadienne, dans des pensionnats. Des géologues canadiens trouvent dans le sous-sol de l'or, des diamants, de l'uranium et du fer, base de la chaîne industrielle. Le gisement de Mary River est découvert en 1962 et, immédiatement, attise les convoitises.
En 1999, le Nunavut, « notre terre » en inuktitut, est détaché des Territoires du Nord-Ouest, après une longue bataille politique des Inuits pour une nouvelle autonomie. En 2008, Baffinland manifeste son intention de creuser sur le site de Mary River.

À lire, à voir

Angry Inuk
Documentaire d'Alethea Arnaquq-Baril
2016
En suivant le débat ultra-médiatisé autour de la chasse au phoque, jugée par certains groupes militants comme « barbare », la réalisatrice inuite met en image la lutte – à armes inégales – des habitants de l'Arctique pour défendre leur mode de vie et leurs traditions. Un beau documentaire sur la colère discrète et maîtrisée des Inuits.

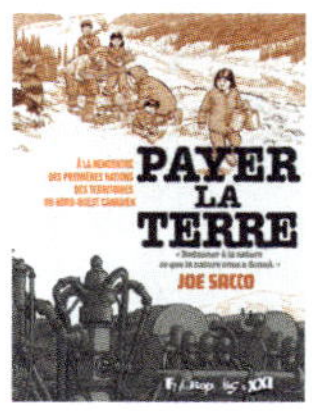

Payer la terre, À la rencontre des Premières nations des Territoires du Nord-Ouest du Canada
de Joe Sacco
éd. Futuropolis, 2020
Grand reportage dessiné du journaliste Joe Sacco entre les camps de chasse, les puits de pétrole et les villages des Déné, dans le nord-ouest du Canada. Une BD dense et sensible au plus près des hésitations d'un peuple blessé, sur l'avenir d'une culture et d'un territoire.

Les Derniers Rois de Thulé
de Jean Malaurie
éd. Plon, 1955
Récit de l'immersion de l'ethnologue Jean Malaurie chez les Inuits de Thulé, au Groenland, au début des années 1950. Cartographie et ethnographie d'un peuple nomade face à son destin, et grand livre d'aventure.

Croc fendu
de Tanya Tagaq
éd. Christian Bourgois, 2020
Roman poétique, étrange et brutal de Tanya Tagag, également adepte du chant de gorge, un jeu vocal traditionnel pratiqué par les femmes dans l'Arctique canadien. L'histoire d'une jeune Inuite du Nunavut, qui oscille entre magie et violence, sous les aurores boréales et la menace des hommes.

MARTYRS
NINDJA (1996-2008)

Chœur battant

PLUS CONNUE POUR LA RUMBA, LA RÉPUBLIQUE DÉMOCRATIQUE DU CONGO EST POURTANT UN PAYS DE CHORALES, DEPUIS L'ÉPOQUE DES MISSIONNAIRES. ET C'EST PAR UNE TOURNÉE DE CHANT LYRIQUE QU'UN GROUPE DE VIRTUOSES DÉBROUILLARDS LANCE UN TRAVAIL DE MÉMOIRE.

Par Guillaume Jan
Illustrations Ivan Brun

Passés les tumultes de la circulation et les envolées musicales des paillotes voisines, le contraste est saisissant quand on pousse la porte du centre culturel Boboto. Ici, l'ambiance est au recueillement. Plus de quatre cents personnes se serrent sur les gradins de cette belle salle de spectacle du quartier de la Gombe, en plein centre-ville de Kinshasa, en République démocratique du Congo (RDC). Des adolescents, des adultes, quelques familles entières, tous des passionnés de musique classique. Ce vendredi 29 octobre 2021, la capitale congolaise accueille le dernier concert de la tournée du Requiem pour la paix.

En introduction du récital, la coordinatrice de ce projet rocambolesque prend la parole. Elle est vêtue d'une robe pétrole et s'appelle Douce Namwezi. « *À quel moment nous arrêtons-nous pour pleurer nos morts ?* commence-t-elle par interroger, bien droite face au public. *On nous avance toutes sortes de chiffres, on nous parle de millions de victimes et les massacres se poursuivent à Beni, à Goma, à Bukavu, partout dans le pays. Pourtant, on ne nous enseigne rien de ce passé à l'école. Dans nos manuels, il n'est nulle part fait référence aux vingt-cinq années de violences que nous avons subies dans l'Est. Tout est mis en marche pour que notre histoire nous échappe.* » C'est pour célébrer la mémoire de ces victimes et permettre d'enclencher un travail de deuil et de justice qu'elle s'est investie dans cette tournée de chant lyrique. Elle dit : « *Pour que nos morts ne soient pas morts en vain* ».

Écoutez la version sonore et musicale de cet article

Depuis l'Europe, on n'associe pas spontanément le pays de la rumba à la musique classique. Pourtant, le Congo compte un grand nombre de chorales. Héritées des évangélisateurs arrivés avec la colonisation, fin XIXe siècle, ces formations initialement dévouées aux églises élargissent peu à peu leur répertoire aujourd'hui. Les cantiques chrétiens cèdent la place à des œuvres plus variées, qui laissent entrevoir la vitalité que connaît le chant lyrique en RDC. D'où ce projet fou porté par Douce Namwezi, accompagnée de la soprano française Maruska Le Moing, de la pianiste italienne Lucia Zarcone, de seize jeunes virtuoses repérés à travers ce grand pays pour leurs qualités vocales. Et d'un breakdanseur.

Il saute, vrille, virevolte

Sur son piano, Lucia Zarcone entame la série d'accords qui ouvre le concert. À pas comptés, les huit chanteuses montent sur la scène, habillées en noir. Elles entonnent un extrait du *Dialogue des carmélites*, morceau sombre et tourmenté du compositeur français Francis Poulenc, en traversant le plateau de part en part. À intervalles réguliers, la mélodie se brise – provoquant à chaque fois la chute de l'une des choristes. Jusqu'à ce qu'elles soient toutes étendues au sol. Le public écoute en silence, pénétré par ces voix pures. Les lèvres se pincent, les regards se perdent dans le vide, des mâchoires se crispent.

Puis l'autre moitié de ce chœur de poche, la moitié masculine, vêtue de noir également, rejoint les femmes sur la scène. Le groupe entonne *O Fortuna*, du compositeur allemand Carl Orff. La fougue de cette cantate réveille aussitôt l'assistance, l'électrise même. Le danseur congolais Faraja Batumike, un des performeurs hip-hop les plus en vue du continent africain, accompagne le mouvement de sa sensibilité très acrobatique. Il saute, vrille, virevolte, fait mine de tomber et se relève dans un même mouvement, avant de se lancer dans un spectaculaire windmill – les épaules au sol, les jambes qui tournoient comme un moulin à vent. Sur leurs bancs, les spectateurs écarquillent les yeux. Les chanteurs enchaînent les morceaux, alternant rythmes calmes et soutenus : ils sont un bloc qui palpite et traduit, avec grâce, les émotions du recueillement et les va-et-vient de l'énergie vitale.

Parmi les choristes, Bénédicte Sifa Maheshe, frêle mezzo-soprano au joli sourire mais au regard dur, exprime toute son émotion. La jeune femme est originaire du village de Kaniola, au Kivu, dans l'est du pays – un des nombreux bourgs ayant subi la longue litanie de violences qui semble ne jamais s'arrêter dans cette région depuis le milieu des années 1990. Plusieurs membres de sa famille ont été tués par les milices armées retranchées dans les forêts voisines. Sa grande sœur a été séquestrée huit mois dans un camp rebelle et violée à de nombreuses reprises. « *Quand je suis sur scène, c'est toujours pour eux que je chante* », confiait-elle, dix jours plus tôt, lors du concert d'ouverture de cette tournée Requiem pour la paix, justement donné dans son village natal.

Les cantiques chrétiens cèdent la place à des œuvres plus variées, qui laissent entrevoir la vitalité du chant lyrique en RDC.

Kaniola. Quatre pistes de terre rouge bordées de baraques en planches, trois buvettes, un salon de coiffure, des champs de manioc encadrés d'eucalyptus, quelques chèvres en liberté et un monument aux morts précédé d'un portique qui indique : « place des Martyrs de Kaniola-Nandja ». Armel Kadego, jeune et sémillant abbé, sort de son presbytère pour présenter aux visiteurs cette tourelle de briques et de béton, peinte en violet tirant sur le mauve : « *Il y a eu beaucoup de tueries. Nous les avons recensées ici, en inscrivant le nom des victimes.* » Selon le décompte de la paroisse, qui réunit plus de 30 000 fidèles, 287 personnes ont été massacrées entre 1996 et 2008 (d'autres sources annoncent plus de 500 morts entre 1994 et 2008). Et des milliers d'autres battues, torturées, prises en otage, violées dans la forêt, faisant de Kaniola un des villages les plus meurtris de la région.

C'est dans ce décor de collines verdoyantes que s'empêtre la « *drôle de guerre* » qui éreinte le pays depuis un quart de siècle. Des centaines d'autres villages ont subi les mêmes types d'atrocités. L'État congolais n'a jamais effectué de décompte, mais cette incessante succession de violences a causé plusieurs centaines de milliers de morts et au moins 5 millions de déplacés internes, selon le Haut Commissariat aux réfugiés. La barbarie s'étend sur 600 kilomètres, le long des frontières avec l'Ouganda, le Rwanda et le Burundi. « *La situation que nous connaissons, ce n'est rien d'autre que la suite du génocide rwandais de 1994* », résume l'abbé Armel.

Cette année-là, d'avril à juin, les milices hutu interahamwe massacrent plus de 800 000 Tutsi. Lorsque l'armée de rébellion tutsi, le Front patriotique rwandais (FPR), parvient à prendre le contrôle du pays, elle provoque l'exil de 2 millions de Hutu. Les deux tiers fuient au Congo, qui s'appelle alors le Zaïre, dirigé par le vieil autocrate Mobutu. Des camps de réfugiés sont dressés à la frontière autour de Bukavu et de Goma, les Casques bleus français de l'opération « Turquoise » tentent maladroitement de faire tampon, des groupuscules interahamwe prennent possession des camps. En octobre 1996, Paul Kagame, qui dirige alors le FPR, envoie ses hommes briser ces foyers de résistance hutu en s'alliant à la rébellion de Laurent-Désiré Kabila, un des opposants historiques au président Mobutu. Une armée de circonstance est créée, baptisée Alliance des forces démocratiques pour la libération (AFDL). La moitié des Hutu est rapatriée au Rwanda, l'autre fuit vers l'intérieur du Zaïre ou se cache dans les montagnes du Kivu : ces maquisards seront les premiers à perpétrer des massacres à l'encontre de la population congolaise. Soit pour se nourrir en pillant les villages, soit pour imposer la peur et afficher leur pouvoir de nuisance face aux autorités congolaises et rwandaises. Mais ils ne seront pas les seuls à semer la violence.

Car l'histoire se complexifie. L'AFDL de Laurent-Désiré Kabila poursuit son avancée vers Kinshasa, qu'elle envahit en mai 1997. Mobutu est renversé, Kabila prend sa place et le Zaïre redevient République démocratique du Congo. Fin de ce qu'on appelle la première guerre du Congo. Un an plus tard, le nouveau président Kabila décide de chasser du pays les soldats rwandais et ougandais qui l'ont aidé à gagner le pouvoir. C'est là que débute, à partir d'août 1998, la deuxième guerre du Congo : en représailles, Paul Kagame finance en sous-main une autre armée de rebelles, qui mène une guerre de harcèlement dans le but de contrôler l'exploitation des matières premières du Congo – notamment du coltan et de la cassitérite, qui entrent dans la composition de nombreux appareils numériques, dont les ventes sont alors en plein boom. De son côté, la population congolaise crée des milices d'autodéfense, des comités de villages généralement appelés maï-maï. Mais certains de ces groupes armés commettent à leur tour leur lot d'exactions dans les zones qu'ils sont censés protéger, motivés eux aussi par le contrôle des mines artisanales.

« J'étais révolté par l'absence de travail de mémoire en RDC. Le Rwanda, lui, avait organisé ces commémorations. »

Jean-Luc Virchaux initiateur du Requiem

Paris ne souhaite plus s'associer

Depuis presque trente ans, les provinces de l'Ituri, du Nord-Kivu et du Sud-Kivu ne connaissent pas la paix. Et les violences se poursuivent aujourd'hui, dans un grand silence médiatique. C'est ce silence qui a donné naissance au Requiem pour la paix, avec l'idée d'organiser un hommage lyrique à toutes les victimes. Le point de départ de cette aventure remonte au mois de mai 2019. Cette année-là, l'institut français de Bukavu, ville frontière avec le Rwanda sur le lac Kivu, présente *Les Indes galantes*, opéra-ballet de Jean-Philippe Rameau réinterprété sous la direction – déjà – du duo Maruska Le Moing et Lucia Zarcone. Dans l'assistance, le Suisse Jean-Luc Virchaux, alors à la tête de l'antenne de la Coopération suisse dans la région des Grands Lacs, a un déclic : monter un spectacle autour du travail du deuil des victimes des violences au Congo, au Rwanda et au Burundi. « *J'étais révolté par l'absence*

de travail de mémoire en RDC, se souvient cet homme énergique et opiniâtre, habitué des missions diplomatiques et culturelles en terrains difficiles. *C'était d'autant plus agaçant que, de son côté, le Rwanda avait bien mis en place ces commémorations.»* Au pays des mille collines, plusieurs actions ont en effet été menées dès les mois qui ont suivi le génocide, dans l'objectif de favoriser la réconciliation des populations sur le long terme : inhumations officielles des victimes, célébrations locales et nationales, construction d'un mémorial en 2004 à Kigali, la capitale.

Pour la RDC, Jean-Luc Virchaux voit les choses en grand : il rêve du *Requiem* de Mozart accompagné par un orchestre symphonique, qui circulerait dans les trois pays frontaliers. L'Helvète envisage même de réunir les trois chefs d'État, dans un esprit de paix. Il dégage 100 000 dollars du budget de la Coopération suisse et propose à Maruska Le Moing de recruter des chanteurs de haut niveau. Il invite Maurice Brouard, directeur des instituts français de Goma et Bukavu entre 2016 et 2019, à le suivre dans son entreprise. Les deux hommes travaillent d'arrache-pied pour faire vivre cette idée originale. Mais Paris, toujours mis en cause par l'État rwandais pour ses connivences avec les Hutu avant, pendant et après le génocide, ne souhaite finalement pas s'associer à des cérémonies mémorielles. Un employé du ministère des Affaires étrangères, en poste à l'époque, confirme : « *Décider de mettre en place une commémoration des morts était délicat, compte tenu du contexte. En 2019, les deux pays étaient encore en froid sur la question de la responsabilité de la France dans le génocide. C'était avant le rapport Duclert de mars 2021.* »

Ce rapport lève le voile sur le rôle ambigu qu'ont joué les autorités françaises pendant la période. Ses auteurs relèvent « *un ensemble de responsabilités lourdes et accablantes* » et pointent du doigt l'« aveuglement » de Paris face à l'élimination méthodique des Tutsi par les milices extrémistes hutu. Commandée par le président Emmanuel Macron, cette enquête retrace la « *faillite de la France au Rwanda* » entre 1990 et 1994. Sur la base de ces conclusions, le chef de l'État français, en visite à Kigali au mois de mai 2021, a reconnu la « *responsabilité* » de son pays, ouvrant la voie à des relations plus sereines entre les deux nations.

Mais fin 2019, le chemin vers un rapprochement franco-rwandais semble encore long. Après que la France s'est retirée de l'organisation du Requiem, la Coopération suisse se retrouve seule à financer cette tournée pour la paix. Comble de malchance, Jean-Luc Virchaux tombe gravement malade en janvier 2020, un mois avant la première. Sans la détermination de la Bukavienne Douce Namwezi, le projet aurait sombré. Celle qui s'occupait déjà des tâches administratives et logistiques de la tournée depuis le retrait de l'institut français, reprend le flambeau au pied levé.

« Vu le peu d'offre en matière culturelle, les chorales d'amateurs continuent d'attirer une bonne partie de la jeunesse. »

Ami-Fidèle Kabusoko maître de chant

Bukavu. Un ensemble confus de bicoques imbriquées les unes dans les autres, quelques collines qui tombent en piqué dans les eaux bleu pastel du lac Kivu, une flopée d'églises, une cathédrale construite en 1950, un million d'habitants et plusieurs centaines de chorales. « *On en compte au moins cinq cents*, estime Douce Namwezi. *Et il y en a tout autant à Goma, sur la rive nord du lac.* » Le mouvement choral, né avec l'arrivée des missionnaires à la fin du XIXe siècle, vient s'inscrire dans une tradition congolaise où le chant, comme la religion et les cérémonies de deuil, a toujours occupé une place majeure. « *Vu le peu d'offre en matière culturelle, ces chorales continuent d'attirer une bonne partie de la jeunesse*, précise Ami-Fidèle Kabusoko, principal maître de chant du Requiem, relais de Maruska Le Moing sur place. *Pendant longtemps, ces formations d'amateurs n'entonnaient que des cantiques d'église. Mais depuis une douzaine d'années, les répertoires s'étendent et prennent des libertés.* »

C'est à l'église que Christian Ndeko, un autre chef de chant du Requiem, a été séduit par le chant lyrique. Mais il estime qu'il est temps aujourd'hui de « *détacher les chorales de la religion, de faire émerger les nouveaux talents au niveau national.* » Et, pourquoi pas, d'intégrer ces chants au patrimoine congolais. « *Le problème, c'est qu'il n'y a pas d'école de musique dans la région, nous sommes tous autodidactes»*, déplore Romain Akonkwa Roga, 23 ans, coiffeur et choriste du Requiem. Qui ajoute: «*C'est par le Web que j'ai découvert la richesse du classique. YouTube m'a fait rencontrer Mozart.*» Quand elle lui a fait passer son audition, Maruska Le Moing a noté la tessiture particulière de sa voix et le lui a fait remarquer. «*Je ne savais pas que j'étais baryton*, sourit le jeune homme. *Je ne savais même pas ce que ça voulait dire.*» Les nouvelles technologies auront finalement joué un rôle important dans la diffusion et l'évolution de la grande musique en RDC. «*Internet nous amène à découvrir des artistes et des styles très variés*, reprend Christian Ndeko. *Ça place aussi la barre plus haut en termes de virtuosité.*»

Ce samedi 23 octobre 2021, la petite troupe de chanteurs entre au collège Alfajiri, l'école la plus réputée de Bukavu. Pelouses soignées, bâtiments de briques construits par les jésuites belges à partir des années 1940, et un théâtre où est donné le deuxième concert de la tournée, après celui de Kaniola. Les artistes reproduisent le même enchaînement d'œuvres graves et plus rythmées. Ici, dans cette grande ville davantage connectée au monde, le public, plus connaisseur en matière de musique classique, applaudit debout. Quand Maruska Le Moing vient féliciter ses chanteurs, elle les met en garde: «*Demain matin, nous prenons le bateau pour Goma. Ne vous couchez pas tard, reposez votre voix.*»

Deux jours plus tard, après une longue traversée entre les îles vertes du lac Kivu et quelques péripéties logistiques, la troupe chante pour le public de Goma. Un voile bleu sur les épaules, le contreténor Clément Bisimwa interprète le gracieux *Cum Dederit* de Vivaldi avec sa voix légère, qui va chercher si loin dans les aigus – il y est question, en latin, du «*pain de la douleur*» et des «*enfants des persécutés*». Le barde arpente la scène comme s'il traversait un champ de ruines quand, soudain, le ciel s'obscurcit jusqu'à devenir anthracite. Un éclair, deux coups de tonnerre et une pluie diluvienne font trembler la salle. Le spectacle continue néanmoins jusqu'à la dernière note, suite mélancolique et vaillante qui s'obstine dans le déchaînement des éléments. Une heure plus tard, la tempête est passée, la troupe rentre dans la cour de l'hôtel, savoure une brochette de chèvre et entame une discussion passionnée sur les moustiques: sont-ils plus agressifs à Kinshasa, où la chaleur est plus lourde qu'au Kivu? Transmettent-ils davantage le paludisme ici ou dans la capitale? La plupart des chanteurs ont moins de 30 ans, certains même pas 20, ils n'ont jamais pris l'avion et n'ont jamais vu «Kin». C'est là que se rend le Requiem le lendemain, pour le dernier concert de la tournée.

«C'est par le Web que j'ai découvert la richesse du classique. YouTube m'a fait rencontrer Mozart.»

Romain Akonkwa Roga 23 ans, baryton

Taxis déglingués

Cohue, désordre, tumulte, chaleur moite. Entassés dans le minibus trop étroit qui les attendait à l'aéroport, les choristes ont les traits tirés quand ils arrivent à la capitale. Les deux dernières semaines ont été intenses: trajets chaotiques, réveils

aux aurores, hôtels piteux, parfois sans eau ni électricité. Ils sont conscients aussi de porter une responsabilité. « *Beaucoup de Congolais peuvent trouver dérisoire de jouer de la musique classique pour les morts alors qu'ils ont du mal à se nourrir et à payer les frais de scolarité de leurs enfants*, raisonne Raïka Falone, soprano de 19 ans et étudiante en génie civil. *Mais il est essentiel de ne pas oublier les victimes de ces violences. Et de livrer notre version de la situation que vit la population de l'Est, à 2 000 kilomètres d'ici. C'est pour ça qu'il faut porter le message à Kinshasa.* »

La troupe entre dans la mégapole à petite vitesse. Le véhicule est ralenti par les embouteillages, la foule des piétons, les chariots des dockers qui se faufilent habilement dans le trafic. Fumées d'échappement des taxis déglingués, odeur d'essence, de poussière, de fruits pourris, d'arachides grillées, d'ordures brûlées. Les jeunes chanteurs n'en perdent pas une miette. « *La chaleur, l'ambiance, la saleté, ça ressemble exactement à ce qu'on m'avait dit* », formule Ignace Lukungulika Anyunva, soliste ténor et étudiant en droit à Bukavu.

Assise à l'avant du minibus, Douce Namwezi veut profiter de son passage à la capitale pour sensibiliser le gouvernement au message du Requiem. La trentenaire, citée par la BBC dans sa liste annuelle des cent personnalités féminines les plus influentes en 2020 – en raison notamment de son engagement pour l'égalité des sexes –, a réussi à obtenir un rendez-vous avec la ministre de la Culture, Catherine Katumbu Furaha. Elle s'y rend le lendemain : au cours de cet échange, elle évoque son désir de transformer la tournée en « *mémorial itinérant* » qui proposerait chaque année des tours de chants lyriques dans plusieurs villes du pays. Elle demande aussi à la ministre que la tragédie qui déchire le Kivu soit au moins inscrite dans les manuels scolaires et enseignée à l'école. Catherine Katumbu Furaha écoute et prend des notes.

« Certains peuvent trouver dérisoire de jouer de la musique pour les morts alors qu'ils ont du mal à se nourrir. »

Raïka Falone 19 ans, soprano

Toujours pas de mémorial

Le jour de la dernière, la salle Boboto est pleine à craquer. Quelques officiels sont présents, dont Roger Denzer, ambassadeur de la Suisse en RDC, et Thérèse Kulungu, juriste et collaboratrice de Denis Mukwege. Chirurgien spécialisé dans l'accompagnement des femmes victimes de viols et prix Nobel de la paix en 2018, le docteur Mukwege est aussi parrain du Requiem depuis la première édition – l'homme a fait de la lutte contre l'impunité des crimes et des violences des régions frontalières du Rwanda et de l'Ouganda son principal cheval de bataille. La ministre de la Culture est représentée par son secrétaire Gracia Kalongera qui annonce cérémonieusement, juste avant le début du récital, l'érection face au Parlement d'un monument aux victimes de ces vingt-cinq années de violences. Sur le moment, Douce veut y croire : pendant toute la durée du spectacle, elle se laisse porter par cette première victoire du Requiem.

Peine perdue. Un an plus tard, quand nous lui reparlons en octobre 2022, Douce est désabusée. La ministre de la Culture n'a jamais donné suite à son projet de mémorial et la tragédie de l'Est n'est pas davantage inscrite dans les programmes scolaires. La tournée du Requiem n'a même pas pu être maintenue en 2022, faute de financements. « *À un moment, j'ai eu l'impression de me retrouver au point de départ* », soupire-t-elle quand elle fait le point sur les douze mois écoulés. Mais elle ne s'avoue pas vaincue. « *Nous continuons le travail de mémoire avec les populations locales. Plus nous serons nombreux à partager ces informations, moins notre histoire sera dénaturée.* »

Douce Namwezi a accompagné ces derniers mois la projection de *L'Empire du silence*, le film-bilan tourné par le Belge Thierry Michel sur ces décennies de violences et l'inacceptable silence qui les accompagne. Dans son long métrage, sorti en mars 2022, le documentariste relaie le plaidoyer du docteur Mukwege pour donner davantage de visibilité aux victimes – ceux « *qui n'ont pas de nom, pas de sépulture, et qu'on essaie d'abandonner dans l'oubli de l'histoire* », comme il le dit. Douce envisage de faire traduire le film en langues locales.

« *Ce sont de petits jalons, mais ils font des émules*, affirme-t-elle. *Nous avons montré que le chant lyrique, qui invite au recueillement et à la méditation, pouvait être un moyen de transmettre l'émotion des souffrances que nous avons subies et que nous continuons de subir. D'ailleurs, d'autres spectacles sur le modèle du Requiem sont prévus dans les mois à venir, mais à une plus petite échelle.* » Sa détermination n'a donc pas varié ? La Sisyphe congolaise hoche la tête : « *Elle est même plus forte que jamais.* » XXI

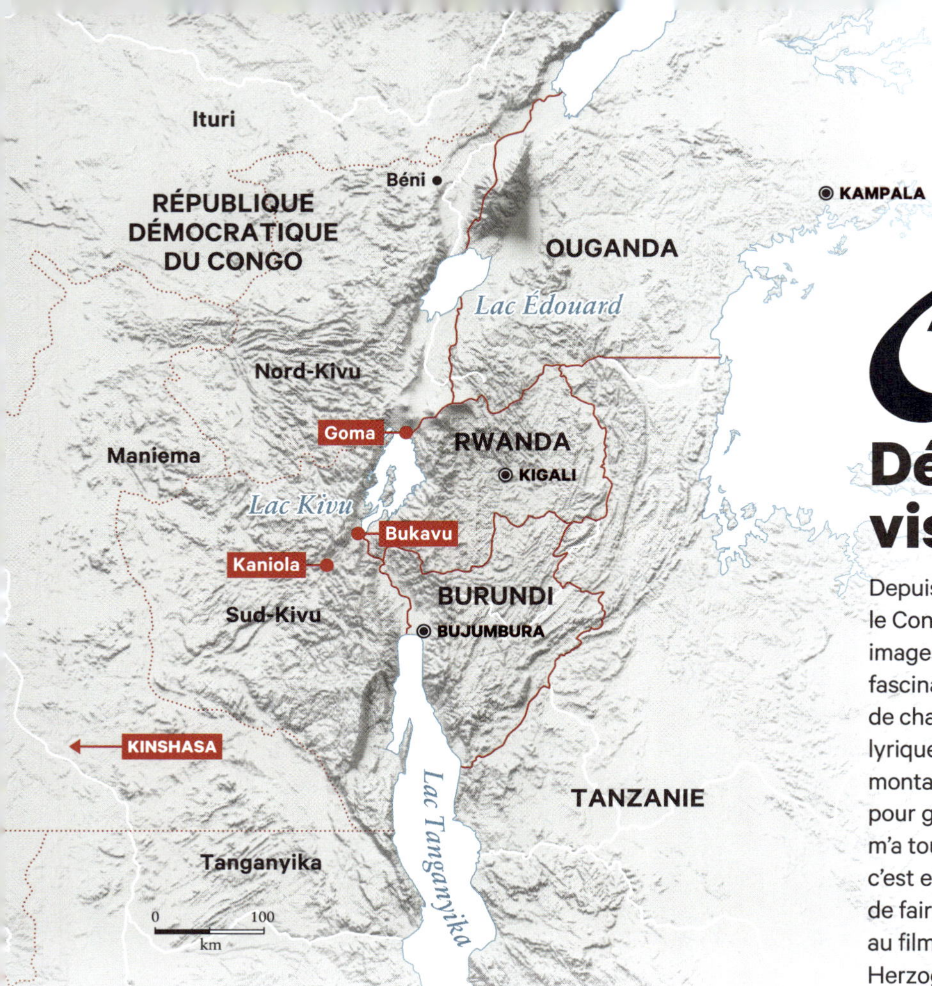

Requiem pour le Kivu

La tournée de chant lyrique Requiem pour la paix a eu lieu fin octobre 2021. Elle a démarré à **Kaniola,** village martyr du territoire de Walungu, dans le Sud-Kivu, puis a rallié **Bukavu, Goma,** et enfin **Kinshasa,** la capitale congolaise, à 2 000 kilomètres à l'est.

Décalage visuel

Depuis quinze ans que j'arpente le Congo, j'ai appris à aimer les images décalées que produit ce fascinant pays. Celle d'une troupe de chanteuses et de chanteurs lyriques qui descendent des montagnes équatoriales du Kivu pour gagner la mégapole kinoise m'a tout de suite interpellé : c'est elle qui m'a donné envie de faire ce reportage. J'ai pensé au film *Fitzcarraldo*, de Werner Herzog (1982), où l'on voit un passionné de bel canto se ruiner pour construire un opéra dans la jungle amazonienne. Mais suivre cette tournée funambulesque permettait surtout de raconter le pays à travers le regard des femmes et des hommes qui y (sur)vivent. C'est aussi ce que j'essaie de faire dans les trois livres que j'ai écrits sur la RDC : *Le Baobab de Stanley* (2009), récit d'une longue descente du fleuve Congo ; *Traîne-Savane* (2014), inspiré de mon mariage impromptu dans un village pygmée ; et *Samouraïs dans la brousse* (2018), sur les traces du premier primatologue à s'intéresser aux bonobos au cœur de la jungle.

GUILLAUME JAN

L'impossible décompte

Il n'existe pas d'évaluation officielle du nombre de victimes des violences qui ébranlent le Congo depuis le milieu des années 1990. En 2004, l'organisation américaine International Rescue Committee annonçait ainsi 4 millions de décès depuis 1998 puis, quatre ans plus tard, 5,7 millions entre 1998 et 2007, en extrapolant les chiffres des zones les plus touchées à l'ensemble des provinces de l'Est et en incluant les morts dues aux maladies (diarrhée, paludisme, pneumonie…). Un décompte repris sans recul par d'autres organismes et associations. À la même époque, une estimation plus modérée était pourtant effectuée, à partir notamment des fichiers électoraux, par les démographes belges André Lambert et Louis Lohlé-Tart : elle ne dépassait pas 400 000 morts sur la période 1998-2004 – sans pour autant minimiser l'extrême gravité de chaque exaction. Dans le rapport Mapping de l'ONU, beaucoup de ces massacres sont d'ailleurs considérés comme des crimes contre l'humanité ou des crimes de guerre (voir ci-contre). Les violences n'ayant jamais cessé, un « baromètre sécuritaire du Kivu » a fini par être mis en place par l'ONG Human Rights Watch en 2017, en coopération avec le groupe d'étude sur le Congo de l'université de New York. Les actes de violence sont répertoriés au jour le jour dans les provinces du Nord-Kivu et du Sud-Kivu. Près de 9 000 morts ont été comptabilisés en six ans. Depuis 2020, leur nombre est plus important chaque année. G. J.

Le rapport Mapping

En 2010, le Haut-Commissariat des Nations unies aux droits de l'homme publiait une radiographie des violences qui ont accompagné les conflits en RDC. Ce rapport Mapping inventorie 617 « incidents », pour la plupart des crimes contre l'humanité et des crimes de masse commis dans l'est du Congo entre 1993 et 2003. Et accable principalement le Rwanda. Treize ans plus tard, aucun de ces crimes n'a fait l'objet de poursuites pénales internationales, aucune réparation n'a été octroyée aux victimes – ni aux individus ni aux communautés – et rien n'a été mis en œuvre pour que ces atrocités ne se répètent plus. En juin 2021, le docteur Denis Mukwege, troublé par le silence qui continue d'entourer la parution de ce rapport, publiait un plaidoyer pour l'adoption d'une stratégie nationale de *« justice transitionnelle »*. Il s'agit, depuis les procès de Nuremberg et de Tokyo en 1945, de promouvoir la justice, reconnaître les victimes et commémorer les violations, pour rétablir une société pacifiée et démocratique.

À lire, à voir

L'Empire du silence
Documentaire de Thierry Michel 2022
Le silence qui est ici dénoncé est autant celui de l'État congolais que celui de la communauté internationale. Le réalisateur belge décortique les causes des massacres qui ravagent l'Est congolais, et souligne le combat mené par le prix Nobel de la paix Denis Mukwege pour que soient jugés les coupables.

En route pour le milliard
Documentaire de Dieudo Hamadi, 2021
Vingt ans après la « guerre des six jours » de Kisangani, qui causa environ 1 000 morts et au moins 3 000 blessés du 5 au 10 juin 2000, quelques victimes survivantes descendent le fleuve Congo jusqu'à Kinshasa pour réclamer le milliard de dollars que l'Ouganda a été condamné à leur verser.

Qu'on nous laisse combattre, et la guerre finira
de Justine Brabant
éd. La Découverte, 2016
La journaliste Justine Brabant enquête sur les combattants du Kivu, notamment les groupes maï-maï qui se sont formés en réaction aux armées rebelles financées par les gouvernements voisins. D'où viennent-ils ? Quelles sont leurs motivations ? Un éclairage utile pour comprendre les guerres du Kivu.

La Force des femmes
par Denis Mukwege
éd. Gallimard, 2021
Le prix Nobel de la paix raconte son parcours de chirurgien des femmes victimes de viols, et de citoyen engagé pour que ces crimes soient connus et punis. À la fois récit de vie et plaidoyer pour la paix.

Des momies trop bavardes

LORSQUE VICTOR MAIR DÉCOUVRE L'EXISTENCE DES MOMIES DU XINJIANG EN 1988, IL PRESSENT LEUR IMPORTANCE POUR L'HISTOIRE DE LA CHINE, ET DE L'HUMANITÉ. MAIS LE POUVOIR CENTRAL EST EMBARRASSÉ, CAR ELLES CONTRARIENT LE RÉCIT OFFICIEL. AUJOURD'HUI POUR LA PREMIÈRE FOIS, LE SINOLOGUE AMÉRICAIN TÉMOIGNE DES MANIPULATIONS DONT ONT FAIT L'OBJET LES EXPÉDITIONS AUXQUELLES IL A PARTICIPÉ.

Textes Romain Franklin
Dessins Jörg Mailliet

C'est l'histoire d'un peuple de l'âge du bronze, sans doute venu des confins européens. Un peuple qui s'est installé voilà quatre mille ans dans l'actuelle région chinoise du Xinjiang.
1914, désert de Loulan. Après une tempête de sable, l'archéologue britannique Aurel Stein découvre et photographie plusieurs cadavres momifiés dans des cercueils.
Ils ont des profils d'Européens.

Stein est un linguiste avant tout.
Ces momies sont si bien conservées...
Malgré tout, il se pose des questions.
Dash ! Viens ici !
Y en a-t-il beaucoup d'autres ? Quel âge pouvaient-elles avoir ?
Tu ne touches à rien !
On dirait qu'elles dorment.
CLIC !

Philadelphie, 2021.
C'est comme ça que tout a commencé.
Victor Mair, sinologue américain, spécialiste de la Chine médiévale, parle pour la première fois sans détour de ses expéditions à la recherche des momies du Xinjiang.
Ensuite, en 1934, l'archéologue Folke Bergman découvre le site de Xiaohe, à 100 km à l'ouest de Loulan.
Bergman ouvre quelques sépultures, mais ne va pas plus loin, les provisions d'eau manquant.
Mais il prend des notes.
Il inscrit scrupuleusement des indications sur les lieux dans son carnet. Description des sépultures, symboles phalliques, bateaux renversés, peaux, laines, arcs, flèches, etc.

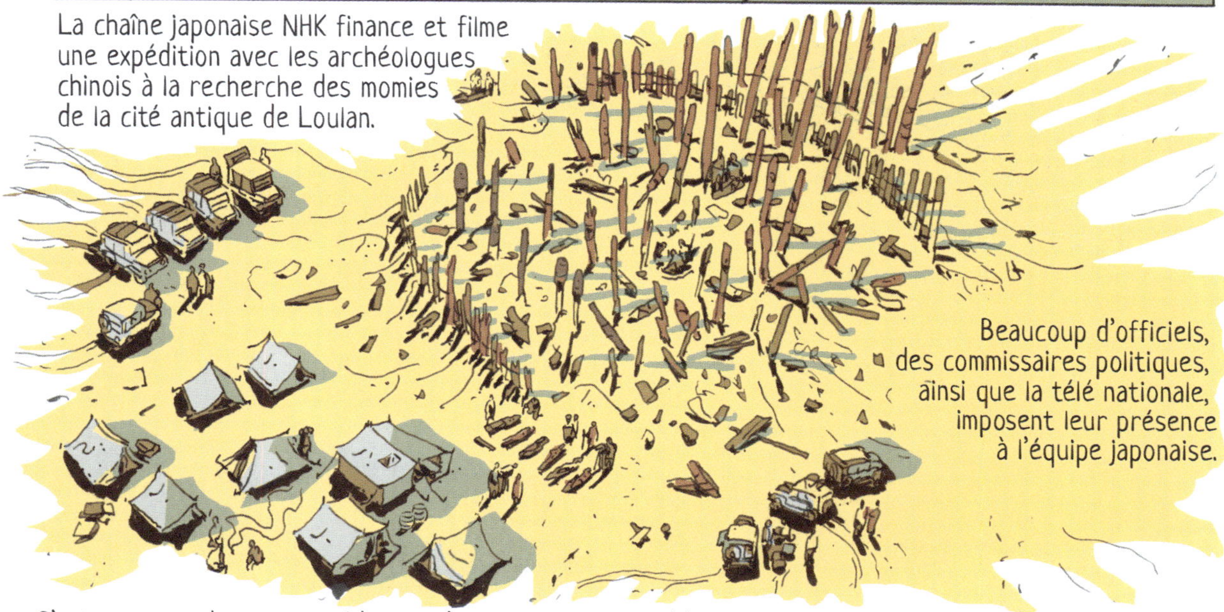

C'est au cours de cette expédition qu'une momie, plus tard baptisée la « Beauté de Loulan », est découverte.

*Ethnie dominante.

Les autres seront exposées au musée d'Ürümqi, capitale de la région ouïghoure. Dans une salle à part.
C'est en 1988 que Victor apparaît dans l'histoire. À l'époque, il n'a pas encore la barbe.
Ce musée vaut toujours le détour.
Tiens, une nouvelle exposition ?
Pas très intéressant par là.

C'est là qu'il découvre les momies, fasciné.
On dirait mon frère Dave ! Comment se fait-il qu'il lui ressemble autant ? On dirait un Dave antique.
S'ils portent des pantalons, c'est parce qu'ils devaient monter à cheval. Les datations, est-il écrit, remontent jusqu'à 4 000 ans. À l'âge du bronze, peu de civilisations étaient aussi avancées.
La Beauté de Loulan. Dans un état de conservation rare.
L'« homme de Cherchen », aussi surnommé le « géant de Cherchen ». Un colosse de plus de 2 m.
Nous avons aménagé cette salle pour montrer nos ancêtres.
Je suis Sabir, le directeur du musée. Je suis d'ethnie ouïghoure.

« Sabir m'explique que les femmes étaient ensevelies au pied de totems phalliques en bois, et les hommes, sous des sculptures ressemblant à des vulves peintes en rouge. »
« Il raconte aussi pourquoi les momies sont si bien conservées. »
Le climat extrêmement sec est favorable à la momification naturelle.
C'est trop beau pour être vrai...
Les cils sont intacts, les tissus sont de couleurs si vives, ça doit être de fausses momies de Madame Tussauds !
On ferme !
Bon, de toute façon, je ne suis pas archéologue de métier, c'est hors de mes compétences.

1991, trois ans plus tard, dans les Alpes autrichiennes...
Découverte de l'« homme des glaces Ötzi ».
Le cadavre d'un homme pris dans la glace, qui vient d'être découvert à 3200 m d'altitude dans les Alpes de l'Ötztal, suscite l'intérêt de très nombreux scientifiques. Il pourrait dater du Néolithique.
Il s'agirait de la plus vieille momie naturelle d'Europe.
C'est sidérant... Le Néolithique! Plus de 3000 ans!
Mais alors...
Mais alors, si ce genre de chose est possible, les momies du Xinjiang étaient peut-être... sans doute... authentiques...
Oh, my God!
Université de Pennsylvanie.
Tu te rends compte ? Des centaines d'archéologues, de scientifiques, sont au chevet d'Ötzi, alors qu'en Chine il y a des momies tout aussi anciennes, et qui n'intéressent personne !
Hum, en Chine ? Difficile à croire, tout de même. Et tu m'as dit qu'après le massacre de Tian'anmen tu ne voulais plus y remettre les pieds.
Oui, mais là...
Je dois y retourner.

«En 1993, je retournai à Ürümqi.»
J'avais pris contact avec l'Institut archéologique du Xinjiang, qui m'a proposé de me joindre à une de leurs expéditions sur le site de Wupu.
«C'est là que j'ai fait connaissance avec M. Kao et M. Gu, deux archéologues chinois.»
我会讲汉语
Vous parlez chinois ? Formidable.
M. Kao, enchanté.
Je vous présente M. Gu, qui est anthropologue, spécialisé dans les mesures crâniennes.
Bonjour.
Nous avons tout organisé pour votre arrivée. Venez.
Tous ces bus... C'est un vrai convoi.

On dirait un voyage touristique plutôt qu'une expédition…
Site de Wupu, à 400 km au nord de Loulan.
Il y a des centaines de sépultures ici, mais nous n'en avons ouvert que certaines.
Problèmes de conservation, vous comprenez.
Tiens ! Si on creusait là ?
Euh… Pourquoi pas ?

TONK !
Des cercueils. Ouvrons-les !
Ce jour-là, ils exhumeront une momie, tout habillée, avec un pantalon en tartan.
Puis une deuxième momie, et une troisième... Toutes trouvées grâce à des croix fraîchement tracées sur le sable.
Je savais que c'était bel et bien vrai !
Mais...
Pourquoi sont-elles toutes décapitées ?

Les têtes ont dû être volées par des pillards.
Oui, des pillards.
Des voleurs de têtes.
Oui.
Ces momies doivent forcément venir de Chine, vous êtes bien d'accord avec ça, Victor ?
Vous êtes notre expert américain et nous espérons que votre renommée fera connaître nos momies.
Ils me prennent pour un imbécile ?
Reste diplomate…
Il faut vraiment les étudier à fond, de manière rigoureuse. Afin d'alerter l'ensemble du monde scientifique sur leur valeur inestimable pour l'histoire de l'humanité !
Rentrons, maintenant.
Que… ?
Prenez ! Étudiez ça ! C'est intéressant !

Ce jour-là,
M. Gu prend de gros risques.
Il remet à Victor
des échantillons de tartan
prélevés
sur une momie.

Quelques jours plus tard, dans le bureau de M. Gu.

C'est le plus probable. Et c'est bien ce qui gêne les autorités.
Je suis profondément désolé pour les décapitations.
C'était une mise en scène maladroite pour tenter de vous convaincre qu'il y a des momies très anciennes qui pourraient ne pas être européennes, mais chinoises.
Bon sang !
De quoi discutez-vous ?
Euh... du menu du banquet de ce soir organisé par les autorités !
On a faim !
Le Xinjiang est peu développé et, pour les autorités locales, les momies sont une précieuse manne touristique potentielle. Tout est bon pour les promouvoir... Pour Pékin, en revanche, elles posent un problème politique, car leur existence même remet en question le récit officiel selon lequel le Xinjiang a depuis toujours « appartenu à la Chine ».
D'ailleurs, dès 2005, Pékin impose sa version officielle à l'entrée du musée d'Ürümqi.
« Le Xinjiang appartient à notre patrie multiethnique depuis l'Antiquité. »

Vous vous souvenez du morceau de tissu remis par M. Gu à Victor ?
À son retour aux États-Unis, il le confie à une spécialiste des étoffes préhistoriques, Elizabeth Barber. Qui constate qu'il s'agit de tartan à carreaux de couleurs, typique de celui des Celtes.
Elizabeth fait partie de la seconde expédition de Victor, en 1995.
Grâce à l'accord d'un responsable ouïghour du musée, ils ont le feu vert pour travailler librement, sur le terrain comme au musée.
Bien sûr que vous pouvez prélever des morceaux de tissus sur les momies ! Pas de problème !
C'est compter sans la présence permanente de M. Kao.
Vous voulez juste savoir l'âge des tissus ?
Oui. Et leur provenance.
C'est possible ?
J'ai étudié des tissus de l'âge du bronze, conservés dans une mine de fer. Il s'agissait de tartans typiques du monde celte, ils ressemblent comme deux gouttes d'eau à ceux-là... qui sont de la même époque.
NON!
Elizabeth avait trop parlé...

Réunion du Comité du Parti du Xinjiang.
Les momies portent des vêtements qui viennent de l'étranger ?
Ça peut nous attirer des ennuis politiques.
ZZZZ
On peut nous accuser de faire le jeu des séparatistes ouïghours.
D'un autre côté, ça attirerait encore plus de touristes.
Mais, monsieur Kao... Vous étiez d'accord pour nous laisser des échantillons!
On n'y peut rien. C'est une nouvelle directive sur les reliques anciennes, vous comprenez?
CLAP!
Elizabeth Barber a toutefois amassé assez d'informations sur les échantillons prélevés. Dans un livre qu'elle publie en 1999, elle ne conclut pas que le peuple des momies est d'origine celte. Toutefois, elle souligne que les similarités sont frappantes. Mais pour percer le mystère des momies, Victor a d'autres idées.

Malgré l'attitude ambiguë des autorités chinoises, les expéditions se succèdent.
C'est fabuleux, j'ai vu des cimetières de momies qui s'étendaient sur des kilomètres.
La plupart sont en mauvais état, mais en tout il doit y en avoir des centaines qui sont bien conservées.
C'est une excellente idée de prélever de l'ADN des momies afin de les faire analyser par vos experts.
De toute façon, nous n'avons pas les moyens de le faire ici. Mais je garderai les échantillons dans mon bureau jusqu'à votre départ.
Elle ressemble à Marlene Dietrich !
Si j'avais vécu à cette époque, j'en serais tombé amoureux...

Victor collecte plusieurs échantillons sur le terrain, dont les cheveux blonds de «Marlene Dietrich».
D'autres échantillons prélevés sur des momies seront entreposés à l'Institut archéologique du Xinjiang.
XINJIANG INSTITUTE OF ARCHAELOGY
Puis, le jour de son départ...
On a dû envoyer les échantillons ailleurs et, au retour, la voiture est tombée en panne.
Désolé, mais vous devez partir sans.
Sûrement un prétexte.
Aéroport d'Ürümqi.
Tout ça pour rien!
Victor !
Attendez !
Attendez !
Monsieur Gu ?
Je voulais vous dire au revoir...
Vite, vite!
J'ai moi-même prélevé ces échantillons. Analysez leur ADN, qu'on ait le fin mot sur l'origine des momies, d'un point de vue purement scientifique!

Victor apprendra plus tard que M. Kao s'était vu interdire par les autorités locales de lui remettre les échantillons.
C'est donc, une fois de plus, presque au péril de sa vie que M. Gu lui a donné son «paquet». L'analyse des échantillons passés en contrebande, malheureusement pollués d'ADN extérieurs, prendra plus d'un an. Il en ressortira que les momies sont bel et bien européennes, mais impossible d'en dire plus sur leur provenance géographique précise.
En 2007, la prestigieuse National Geographic Society (basée à Washington, aux États-Unis) est autorisée à prélever d'autres échantillons. Après analyse, elle conclut que le «peuple des momies» provient d'Europe, et peut-être de l'actuel Irak et de la vallée de l'Indus (actuel Pakistan). Mais pas de Chine de l'intérieur.
Par la suite, les autorités chinoises empêcheront tout autre prélèvement d'ADN par des scientifiques étrangers.

En juillet 2009 à Ürümqi éclatent des heurts interethniques graves entre colons chinois (les Han), de plus en plus nombreux au Xinjiang, et les autochtones ouïghours.
0600
Ils se soldent par plus de 200 morts ainsi que des milliers d'arrestations et de disparitions de Ouïghours.
Après cet épisode, les rapports entre les deux ethnies ne seront plus jamais les mêmes.
La vieille ville de Kashgar sera détruite par le gouvernement chinois. Les Ouïghours y voient une volonté d'effacer leur patrimoine culturel.

Cette répression ne fait que renforcer un sentiment identitaire chez les Ouïghours.
Alors même que les Ouïghours ne sont pas des « descendants directs du peuple des momies » et qu'ils ont des gênes distincts, pour nombre d'autochtones, ces momies sont un marqueur de leur identité.
Le musée d'Ürümqi ne désemplit pas…
Peu de temps après, en 2011, les momies voyagent dans un musée américain.
Une exposition sans précédent préparée de longue date doit avoir lieu au musée de l'université de Pennsylvanie à Philadelphie.
Deux ans de travail mais j'ai réussi, tout est enfin prêt.
Une exposition sur les fameuses momies du Taklamakan.
Les momies sortent enfin de Chine. Cela va faire la une de la presse. Quel événement !

Mais le jour de l'ouverture...
Ordre de Pékin: l'exposition est annulée.
« Vous devez immédiatement remettre les momies dans leurs boîtes et les renvoyer sur-le-champ. »
J'aimerais parler à l'ambassadeur de Chine!
Allô, oui?
Nous n'avons pas à nous justifier. C'est un ordre qui vient de loin...
UNIVERSITY of PENNSYLVANIA
of ARCHAEOLOGY and ANTH

L'élection de Xi Jinping à la tête du Parti communiste, en 2012, va finir d'enterrer les momies…
… et les Ouïghours avec.
À partir de ce moment, arrestations de masse, attentats à la bombe et au couteau se succèdent dans une spirale infernale.

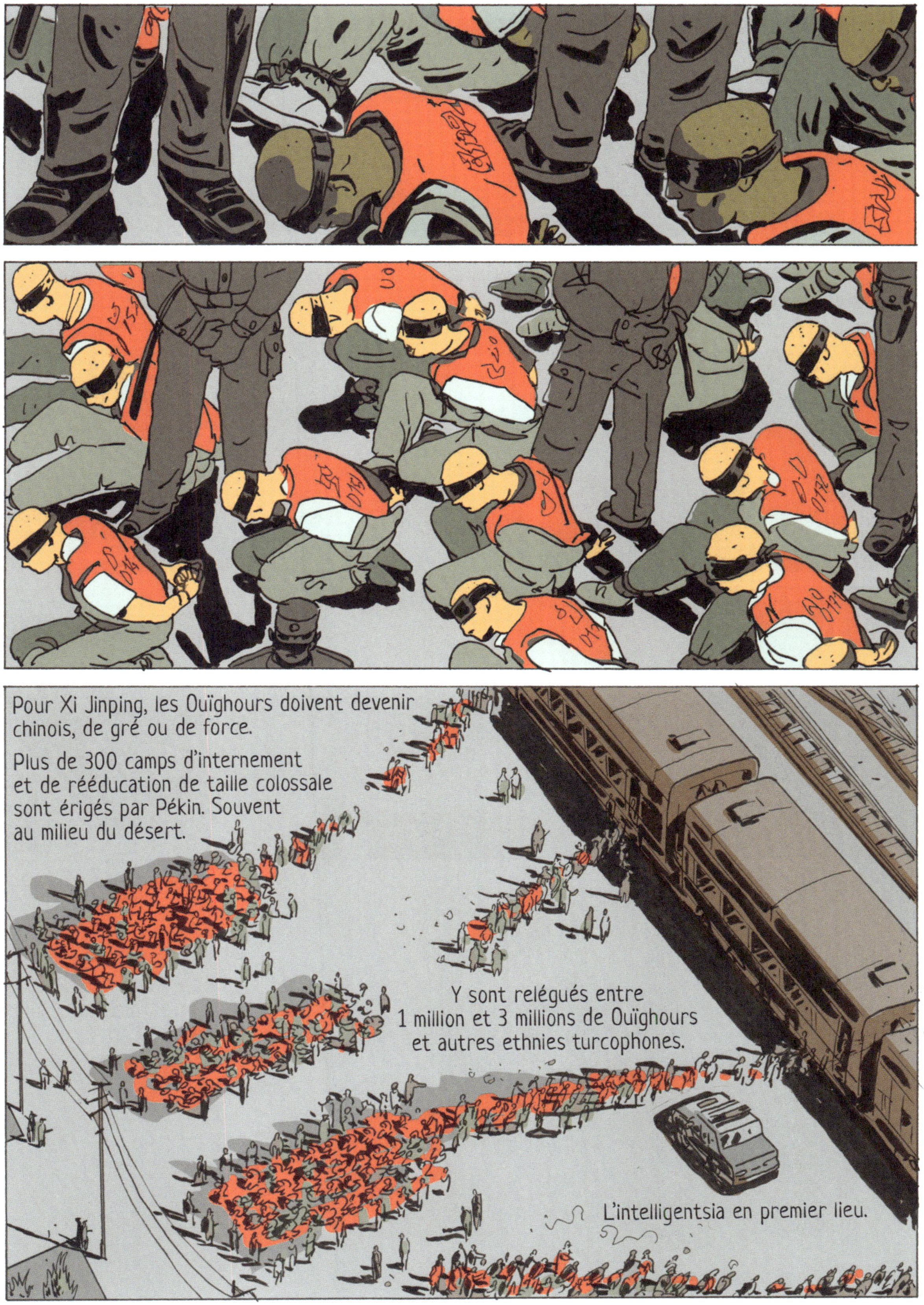
Pour Xi Jinping, les Ouïghours doivent devenir chinois, de gré ou de force.
Plus de 300 camps d'internement et de rééducation de taille colossale sont érigés par Pékin. Souvent au milieu du désert.
Y sont relégués entre 1 million et 3 millions de Ouïghours et autres ethnies turcophones.
L'intelligentsia en premier lieu.

Des scientifiques sont condamnés à de lourdes peines de prison.
Philadelphie, 2021.
D'autres disparaissent sans laisser de traces, dont certains avec qui j'ai travaillé.
Quant à moi, je n'ai plus le moindre espoir de repartir en Chine.
Maintenant, je peux bien le dire...
... il y avait tant de manipulations des sépultures, des momies, tout ça dans le but de falsifier l'histoire, que j'étais de toute façon écœuré.

Mon seul vrai regret, c'est que je ne pourrai plus jamais revoir la Beauté de Xiahoe, la momie qui ressemblait tant à Marlene Dietrich.
Il me reste ça... Je les avais subtilisés, et, depuis, je les garde toujours sur moi !
Comme dit un proverbe ouïghour, avec de la persévérance, on peut compter les étoiles.

En 2022, j'ai coécrit pour Arte, avec François Reinhardt, un documentaire intitulé *Chine : le drame ouïghour*. Un projet périlleux puisqu'il a fallu filmer à l'insu des autorités, tout en obtenant une parole officielle. D'emblée, la question des momies s'est imposée. Elle était pour nous symbolique de l'embarras des autorités à justifier leur mainmise sur le Xinjiang. En effet, la Chine, qui a été victime du colonialisme, refuse de reconnaître qu'elle a elle-même colonisé plusieurs régions, dont le Tibet et le Xinjiang. Lorsque ce territoire a été conquis par l'Empire mandchou au XVIIIe siècle, la quasi-totalité de la population a été massacrée. Cet épisode a disparu de l'historiographie officielle, et Pékin avance que le Xinjiang *« appartient à la Chine depuis l'Antiquité »*. Or l'existence des momies indique que des peuples d'origine non chinoise ont occupé cette région durant au moins mille ans avant l'arrivée des premiers Chinois. Épouvanté à l'idée de se voir privé de visa s'il en disait trop, Victor Mair s'est durant toute sa carrière tenu sur la réserve. Mais aujourd'hui, en raison de son grand âge, et de la répression frappant le Xinjiang, le sinologue n'envisage plus de retourner dans le far-west chinois. C'est sans doute pour ça qu'il a accepté de raconter pour la première fois les falsifications dont il a été témoin.

ROMAIN FRANKLIN

Un type de momie extrêmement rare

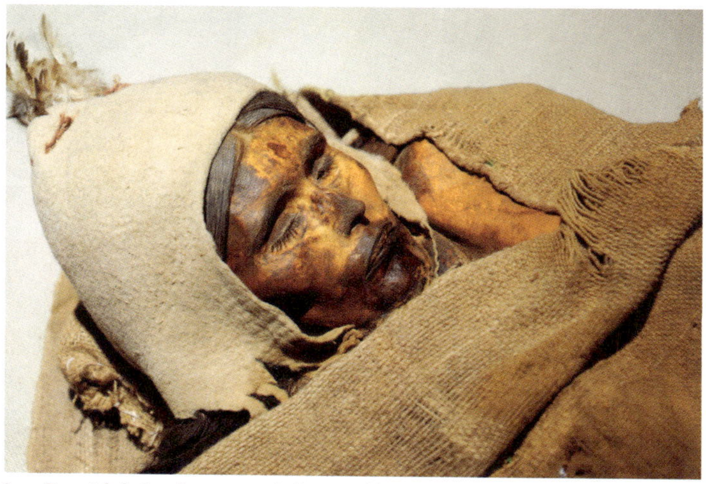

La « Beauté de Loulan », momie incroyablement bien conservée, repose ici au musée de la ville de Ruoqiang (Xinjiang), en mars 2021.

WANG JIANFENG / COSTFOTO / SIPA

Les momies de la région autonome ouïghoure du Xinjiang, qui se comptent par milliers, ont été conservées de manière inouïe malgré leurs 3 000 à 4 000 ans d'âge. Les vêtements, la peau, la couleur des cheveux et même les cils sont souvent préservés. Il s'agit de momies naturelles : contrairement aux momies égyptiennes, elles n'ont bénéficié d'aucune technique d'embaumement. Si les corps sont restés pratiquement dans le même état qu'à la mort des sujets, c'est grâce au climat, extrêmement aride, et au sol sablonneux, hautement alcalin. Pour être momifiés, les cadavres ont été placés sur des claies les isolant du sol, puis recouverts d'un cercueil en bois de la forme d'une barque renversée, favorisant la mise en œuvre d'un processus de dessiccation : l'humidité est éliminée. Les spécimens les mieux conservés ont été inhumés en hiver, et ont bénéficié d'un sol particulièrement riche en sel et bien drainé, empêchant toute putréfaction. Ce type de momie naturelle est extrêmement rare. En Europe, citons l'« homme de Tollund », découvert dans une tourbière en 1950 à Bjældskovdal, au Danemark. Il nous vient de l'âge du bronze, tout comme Ötzi, dit l'« homme des glaces », dépouille congelée découverte en 1991 à 3 200 mètres d'altitude dans le val Senales, en Italie, suite à la fonte d'un glacier. **R. F.**

Sinisation à marche forcée

L'histoire que nous conte Victor Mair, celle de ses recherches sur les momies du Xinjiang depuis les années 1990, puis des manipulations dont elles ont fait l'objet, laisse présager du drame que connaissent les Ouïghours actuellement. Pour le président chinois Xi Jinping, le Xinjiang a *« toujours appartenu à la Chine »*, et il n'est pas concevable que cette région ait pu être la demeure d'*« étrangers »*, même il y a trois mille ans : les peuples du Xinjiang *« sont chinois »*, ou doivent le devenir. Aussi, Pékin met en œuvre à partir de 2014 un programme d'assimilation forcée, ciblant les habitants autochtones du Xinjiang, notamment les 11 millions de Ouïghours. L'objectif : détruire l'identité culturelle de cette population (histoire, langue, religion, coutumes, monuments), anéantir son élite et siniser à coups de trique ces turcophones musulmans qui, depuis l'arrivée au pouvoir en Chine en 1949 des troupes communistes, conservent obstinément leurs particularités. Dans un discours « interne », l'ultranationaliste Xi Jinping a ordonné à ses hommes de traiter les Ouïghours *« sans la moindre pitié »*. Ce projet est en partie mené sous couvert de lutte antiterroriste. Si des attentats antichinois ont bel et bien été perpétrés par des extrémistes locaux, c'est l'ensemble de la population ouïghoure qui est jetée dans la nasse des présumés coupables. L'incarcération de 1 million à 3 millions de personnes durant la phase la plus radicale du projet a été menée dans le plus grand secret. Ce n'est qu'à l'été 2022 que l'ONU s'est décidée à publier un premier rapport accablant : ses auteurs concluent que Pékin a commis des actes *« qui peuvent constituer des crimes contre l'humanité »*. Ce rapport décrit des camps de taille colossale, se comptant par centaines. On y interdit de parler une autre langue que le chinois, on y inflige des tortures de toutes sortes, on y affame, on y lave les cerveaux à la chaîne, on y tue. À l'issue de ce grand tri, les *« indociles »* sont condamnés à mort ou à des peines de prison ridiculement longues. Entassés dans des « orphelinats », des ribambelles d'enfants doivent abandonner la langue de leurs parents. Les anciennes générations rétives à la sinisation, à commencer par l'intelligentsia, disparaissent, elles, dans les prisons : professeurs, ingénieurs, fonctionnaires, écrivains, musiciens et archéologues. **R. F.**

À lire, à voir

The Tarim Mummies: Ancient China and the Mystery of the Earliest Peoples from the West
de Victor Mair et J. P. Mallory
éd. Thames and Hudson, 2008
Récit du sinologue américain Victor Mair de ses premières expéditions à la découverte des momies du bassin du Tarim, au Xinjiang. Il tente d'y démontrer que le *« peuple des momies »* est d'origine occidentale.

Les Ouïghours, Histoire d'un peuple sacrifié
de Laurence Defranoux
éd. Tallandier, 2022
La journaliste de *Libération* remonte aux racines historiques de la colonisation du Turkestan oriental par l'Empire chinois, qui le baptise « Xinjiang » (« nouvelle frontière ») avant de raconter avec force témoignages l'effarant projet d'assimilation forcée que Pékin met en œuvre depuis peu contre les Ouïghours et d'autres populations autochtones de la région.

Rescapée du goulag chinois
de Gulbahar Haitiwaji et Rozenn Morgat
éd. des Équateurs, 2021
Gulbahar Haitiwaji, femme ouïghoure, a enduré pendant trois ans des centaines d'heures d'interrogatoires, la torture, la faim, la violence des policiers, le bourrage de crâne, la stérilisation forcée, le froid, les rats, les nuits sous le néon aveuglant d'une cellule, les mécanismes de destruction kafkaïens.

On a fait la guerre aux poissons, et les poissons ont perdu

ÉLEVÉ DANS UNE FAMILLE MALTRAITANTE, **DANIEL PAULY** N'ÉTAIT PAS PRÉDESTINÉ À DEVENIR UN SPÉCIALISTE DES OCÉANS. AUJOURD'HUI, IL MILITE POUR UNE GESTION DURABLE DES QUANTITÉS PÊCHÉES.

Propos recueillis par Haydée Sabéran — Illustration Olivier Dangla

Quand il était petit, Daniel Pauly ne rêvait ni d'océans ni de poissons. Il voulait juste qu'on le laisse jouer. Et lire. Dans la famille d'accueil maltraitante où il a grandi dans les années 1950 en Suisse romande, il devait se cacher pour ça. La marâtre hurlait : *« Turli ! »* (*« Tu lis encore ! »*). À coups de torgnoles, elle l'envoyait récurer des piles d'assiettes. De la lecture, il y en avait des caisses pourtant. Le père de famille, brocanteur-recycleur, vidait les maisons de défunts et en rapportait des ouvrages que l'enfant dévorait, raconte son biographe David Grémillet dans *Daniel Pauly, un océan de combats*.

Aujourd'hui professeur d'halieutique – la science de la pêche – à l'université de la Colombie-Britannique à Vancouver, Daniel Pauly continue d'aimer les livres. Quand ses enfants étaient petits, ce gros bosseur en enregistrait sur cassettes pour leur lire des histoires en son absence. Spécialiste mondial des océans, titulaire en 2005 du Cosmos, prix international de l'écologie qui a aussi récompensé Jane Goodall et Philippe Descola, il a été le premier lanceur d'alerte sur l'existence de la surpêche. À 76 ans, le gamin de La Chaux-de-Fonds est devenu le biologiste marin le plus cité du monde.

XXI Vous avez eu une enfance terrible. Que vous est-il arrivé ?

J'ai grandi chez des Thénardier. Je suis né à Paris en 1946, d'une ouvrière lorraine et d'un soldat noir américain. Chassée par son père quand il a su qu'elle était enceinte d'un Noir, ma mère m'a élevé seule. J'étais souvent malade. Un jour, sur les bords de Seine, elle a rencontré une famille suisse de La Chaux-de-Fonds, les G. Quand ils lui ont proposé de me prendre quelques mois pour me remettre d'aplomb, elle leur a fait confiance. J'avais 2 ans, ils venaient de perdre un enfant du même âge. Ils ne m'ont jamais rendu. Quand j'ai eu 7 ou 8 ans, ils ont fait de moi leur domestique. La mère G. me frappait, m'enfermait à la cave. Plus tard, ils m'ont fait travailler comme livreur. Leurs fils étaient proxénètes. Des délinquants. Ils disaient que ma mère m'avait abandonné. Mais je ne les croyais pas, ils mentaient tout le temps. Je me suis forgé une identité à l'opposé. Ils buvaient, je ne bois pas. Ils fumaient, je ne fume pas. Ils ne travaillaient pas, je travaille tout le temps.

C'est ce qui vous a protégé ?

Oui, et aussi une rencontre. Vers 3 ans, je jouais devant un magasin Migros, mal vêtu, sale. Une jeune vendeuse m'a vu. Marguerite Rognon, fille du contremaître d'une fabrique de montres, m'a pris chez elle, lavé, habillé. À partir de là, j'ai passé deux ou trois jours par mois chez eux. On m'a traité enfin comme un enfant. Cette vie alternative m'a permis de savoir qu'il existait un autre monde. Marguerite est devenue ma marraine. Elle m'a offert un Petit Larousse illustré, que j'ai encore. J'avais 8 ans quand elle m'a emmené deux années de suite en vacances en Espagne, à Tarragone, dans sa belle-famille catalane. Le paradis. Mais la dernière semaine, je me suis mal comporté. Je criais, je suis devenu violent. En fait, je ne voulais pas rentrer chez les G. Je l'ai compris cinquante ans plus tard, un jour de 2008, invité en Catalogne, à Barcelone, pour recevoir le prix Ramón-Margalef de l'écologie : mon discours démarre, je parle de ces vacances à Tarragone, et d'un coup, tout me revient… Je me mets à pleurer en public. C'était bizarre, incroyable.

Vous êtes devenu océanographe entre-temps. La Chaux-de-Fonds, c'est loin de la mer. Y avait-il des livres sur le sujet chez les G. ?

Il y avait toutes sortes de livres. Ils liquidaient les biens de personnes décédées qui

TOMMY TRENCHARD / PANOS PICTURES

dépendaient de l'assistance sociale de la ville. Ils en parlaient tellement que, enfant, je croyais que l'assistance était une personne, la « Sistance ». Ils avaient des cageots d'ouvrages, que je lisais avidement, mais je ne me souviens pas d'un seul sur les océans. J'ai été marqué en revanche par un livre de photos de la guerre de 1914-1918, une cinquantaine de clichés d'hommes encore en vie, le visage arraché par des éclats d'obus, l'horreur des gueules cassées. Ce n'était sûrement pas bon pour le gamin d'une dizaine d'années que j'étais. J'utilise ce mot, « gamin », mais la mère G. m'appelait le plus souvent « *charogne de gamin d'merde* ». Je n'ai jamais su traduire ça en allemand ou en anglais, tant l'expression est puissante.

Et l'école ?

C'était difficile. Un combat entre les tâches que les G. m'imposaient, la scolarité et les tentatives de rester un enfant, jouer, lire.

En écho

Parmi les victimes de la surpêche

Les Bajau, peuple semi-nomade, évoluent dans le triangle corallien entre la Malaisie, l'Indonésie et les Philippines. Ils ont vécu pendant des centaines d'années à bord de bateaux. Pour se nourrir, les « Gitans de la mer » pêchaient à la lance en apnée. Mais au cours des dernières décennies, les stocks de poissons ont drastiquement baissé, les gouvernements ont fait pression pour que les Bajau se sédentarisent, tandis que ceux-ci ont découvert les possibilités offertes par le monde connecté. L'accès à des équipements de pêche bon marché, notamment le cyanure, la dynamite et les moteurs diesel, a permis à ces pêcheurs d'améliorer leurs revenus. Mais en accédant à un meilleur confort, les Bajau ont aussi contribué à la destruction des eaux dont ils dépendent. Le photographe britannique Tommy Trenchard a documenté ce mode de vie traditionnel en voie de disparition.

Certains pêcheurs bajau peuvent rester jusqu'à quatre minutes en apnée. Mais cette capacité a tendance à disparaître.

Comment sort-on de ça ?

Au début, mal. À l'adolescence, quand la famille G. s'effondre avec le départ de ses enfants, je vis presque un an sans appui. La mère va au bistrot tous les jours regarder des matchs de catch. Suzy, une amie, fille de boulangers, m'invite souvent, soi-disant pour faire nos devoirs, en fait pour me nourrir. Je suis dans un désarroi complet. Je continue l'école jusqu'à en être renvoyé, à 17 ans. Je travaille dans une fabrique de montres de La Chaux-de-Fonds, puis un pasteur me propose un volontariat pour l'Église en Allemagne dans des hôpitaux. Je me mets à l'allemand. Le dimanche, je rencontre des volontaires de mon âge. Ils parlent du bac, des études. Je me rends compte qu'il faut que je fasse ça, sinon je serai manœuvre toute ma vie. Je m'inscris à un cours du soir sur quatre ans, j'entre à l'usine. À un moment, je travaille dans une fabrique de brosses de nettoyage. On coupait les fibres, ce qui produisait une poussière incroyable. On mettait du mazout pour empêcher qu'elle s'envole. J'arrivais en cours à 17 heures couvert de poussière rouge et de mazout. Je décroche le bac en 1969. On était cent quinze au départ, quinze à l'arrivée. C'était ça ou rester manœuvre.

Entre-temps, vous retrouvez votre mère.

J'avais écrit lettre sur lettre aux services sociaux en France, sans résultat. Et puis, un jour, je reçois un courrier de l'ambassade de France : le service militaire. Ils n'avaient pas pu me mettre en relation avec ma mère, mais pour l'armée, ils savaient me trouver ! C'est comme ça, ironiquement, que je reprends contact avec elle. Car je découvre une lettre d'elle quand je rentre une dernière fois en Suisse chez les G. : elle m'écrit parce que l'armée a apposé une affiche sur la porte de son appartement, à Maisons-Alfort, pour que je réponde à l'appel. On est en 1966, j'ai 20 ans, je suis recherché, insoumis. Je pars pour la France.

Comment se passe la rencontre ?

Ma mère me prend à part dans la cuisine, me montre les lettres de menaces des G. Elle leur avait écrit plusieurs fois. Ils se disaient prêts à la dénoncer à la police, pour abandon d'enfant. Elle avait eu peur. Il faut se rendre compte à quel point, dans les milieux populaires, la police fait peur. J'ai toujours su qu'elle avait été trompée. Dans les mois qui ont suivi, on a parlé des heures ensemble. Mes sept frères et sœurs ignoraient mon existence, mais m'ont bien reçu. Comme leur père, Louis Pauly, qui m'avait reconnu sans me connaître. Un ouvrier métallo, pour qui j'avais le plus grand respect.

Et l'armée ?

J'ai été réformé. Un psy a compris que je n'étais pas en état. Ça m'a sauvé. Ils m'auraient brisé. Je travaille quelques mois en France, puis je retourne à mes cours du soir en Allemagne.

Vous revenez en mai 1968.

Ces deux semaines d'effervescence m'ont marqué à vie. D'un côté, dans l'entreprise de ma sœur secrétaire, les employées avaient enfermé leur patronne dans un placard. De l'autre, j'emmenais mon frère Gérard, peintre en bâtiment, à l'Odéon où les étudiants se distribuaient déjà des postes de ministre. La différence entre Paris et les banlieues en grève était incroyable. Si j'ai les pieds sur terre malgré mon métier, c'est grâce à ces racines ouvrières.

Et votre père ?

Sa sœur avait maintenu le lien avec ma mère. Je suis allé le trouver en Californie en 1969. J'ai découvert un homme de droite. Quand un Noir américain est du côté de ceux qui lui ont rendu la vie impossible, c'est que quelque chose cloche. Derrière cette façade de connerie, il y avait un homme blessé. Il buvait. Gamin, dans les années 1930, il avait gagné plusieurs prix scientifiques. Ils lui ont été refusés quand on a découvert qu'il était noir. La même chose est arrivée à mes cousins, qui étaient doués en mathématiques et en mécanique. En Arkansas, un homme noir pouvait faire carrière comme instituteur, prêtre. Ou militaire, comme mon père, mais seulement quand la guerre a commencé. Grâce à lui j'ai rencontré Sandra, ma femme, la fille d'un de ses amis.

Quel effet vous ont fait les États-Unis ?

L'oppression raciale était si horrible que ça m'a radicalisé. Un jour, je me mets à courir dans la rue. Ma tante m'arrête : *« Un jeune Noir qui court risque de se faire tuer par*

> **« J'arrivais en cours couvert de poussière et de mazout. J'ai décroché le bac en 1969. C'était ça ou rester manœuvre toute ma vie. »**

la police.» En Europe, j'avais vécu le racisme, mais là, j'ai vu le racisme systématique ! De retour en Allemagne, je milite chez les étudiants marxistes et choisis d'étudier l'agronomie, pour être utile au tiers-monde.

Comment en venez-vous à l'océanographie ?

Je choisis d'étudier à Kiel [dans le nord de l'Allemagne], parce ce que je n'avais jamais vécu en bord de mer. À La Chaux-de-Fonds, il n'y avait même pas une petite rivière. Là, je découvre vite que la faculté d'agronomie est pleine de vieux nazis purs et durs. C'était invivable. Alors je choisis l'institut d'océanographie, plus ouvert et parce qu'il offrait des petits contrats. À l'époque, j'ignore que l'institut de Kiel est de niveau mondial. Au labo, mon travail consiste à gratouiller dans des bocaux pleins de boue marine, et en sortir toutes sortes de vers et autres animaux. Ça sent le formol, c'est interminable, pénible. Alors, je bricole une machine qui sépare les bestioles de la boue dix fois plus rapidement. Le chef de l'institut, Gotthilf Hempel, me convoque, me demande pourquoi j'ai fait ça, je réponds : *« C'est un travail de fou, il fallait trouver une façon de l'améliorer. »* En Allemagne, les profs étaient des demi-dieux. Et celui-là décide à cet instant de devenir mon protecteur. Comme Marguerite, il m'a ouvert des portes. Il me commande un petit papier pour décrire cette machine. Mon premier article scientifique. Et puis je lui demande de m'envoyer en Afrique. Il me dit : *« Oui, si vous faites un mémoire là-bas. »* J'étais en première année. Un mémoire, ça se fait après quatre ans d'études. Il m'obtient des fonds, un billet d'avion, une caisse d'instruments et paf ! me voilà au Ghana. En six mois, je fais une collecte de données dont je tire quatre ou cinq papiers scientifiques.

> « On n'avait pas les mots pour envisager la surpêche. Quand on n'a pas les mots, on ne voit pas les choses. »

Après des décennies de travail acharné en Indonésie, aux Philippines, au Canada, vous devenez le biologiste français le plus récompensé et surtout le premier lanceur d'alerte sur la surpêche. Pourtant, la surpêche, vous y avez contribué ?

Oui, assistant de projet en halieutique en Indonésie dans les années 1970, je participais au développement du chalutage, pour le compte de l'Agence allemande de développement technique. Il fallait étudier l'abondance et la croissance des poissons pour déterminer combien les pêcheries pouvaient en prélever. Un travail colossal. À l'époque, on s'imaginait que si les pays du tiers-monde adoptaient les techniques et les méthodes des anciens colonisateurs, tout irait bien ! [Rires.] On n'avait pas les concepts ni les mots pour envisager la surpêche. Quand on n'a pas les mots, on n'arrive pas à voir les choses.

Que voulez-vous dire ?

Par exemple, aux Philippines, où j'étudiais les pêches tropicales, je voyais toujours des gens sur les récifs coralliens depuis la route.

Au fil des siècles, le corps des Bajau s'est adapté à la plongée. Certains ont des yeux qui leur permettent de mieux voir sous l'eau.

Ils semblaient se balader. Pendant six ans, je les ai vus sans les voir. Plus tard, en lisant une étude sur le glanage dans les récifs par les femmes et les enfants, j'ai compris. Les familles pauvres ramassent là des mollusques, des petites pieuvres, des vers. Il y a une littérature là-dessus dans les études de genre, mais les biologistes de pêche ne voient pas ces gens, comme je ne les voyais pas. Les élites à la tête des pêcheries, qui ont étudié à l'étranger et se baladent en costard, ne s'intéressent qu'aux poissons qui rapportent des devises. La pêche de subsistance, c'est pour les pauvres qui portent des pagnes ! Elle n'est donc pas incluse dans les statistiques transmises par les États à la FAO, l'Organisation des Nations unies pour l'alimentation et l'agriculture.

C'est pour ça que les statistiques de la pêche sont incomplètes ?

Entre autres. Au Royaume-Uni, ce qui est pris par des bateaux de moins de dix mètres n'est pas compté. Aux États-Unis, ce qui est à moins de 3 miles [5,5 kilomètres, ndlr] de la côte, non plus. Le Costa Rica ne déclare que le poisson exporté. Sans compter l'économie informelle. Résultat : les chiffres ne donnent pas l'ampleur de la surpêche, et les quotas, c'est-à-dire le maximum de prises autorisées par espèce, ne sont pas assez durs.

Quand et comment vous êtes-vous rendu compte qu'on pêchait trop ?

En 1975, en Indonésie, quand j'ai vu des artisans pêcheurs dans la misère. Je voyais des petites barques avec cinq ou six pêcheurs qui revenaient d'une marée avec seulement 2 kilos de poisson. Ils auraient dû en rapporter cinquante, voire cent. Cette scène m'a motivé pour la suite.

En 1979, à 33 ans, vous parlez déjà de surpêche et d'effondrement des stocks. Vous aviez déjà compris qu'on vidait les océans ?

Il suffisait d'extrapoler les tendances fortes déjà établies. Comme pour le réchauffement climatique, qui a été observé par certains scientifiques bien avant qu'il soit perçu par les autres.

Nous allons donc vers une mer sans poisson ?

On y est presque ! À mesure qu'ils ont vidé la mer près de chez eux, les chalutiers sont allés pêcher toujours plus loin. Les chaluts raclent le fond des océans, détruisent tout. Les espèces cibles ne constituent qu'une partie des prises, le reste est rejeté ou bradé pour faire de la farine de poisson.

Vous avez créé en 1999 le programme Sea Around Us, qui complète les chiffres de la FAO, pour évaluer au plus juste le nombre de captures. Comment avez-vous compté ?

On a cherché les données partout. Dans les rapports techniques, la presse locale, les registres portuaires, avec l'imagerie satellite des infrastructures de pêche... L'étude, publiée en 2016, a duré treize ans. Des centaines de personnes, dans le monde entier, ont « reconstruit » les statistiques. De la Bretagne à l'Indonésie en passant par Gaza. Notre *Atlas global des pêcheries marines* répertorie la pêche industrielle,

Certains Bajau sont tellement habitués à la vie aquatique, qu'ils souffrent du « mal de terre » lorsqu'ils sortent de l'eau.

la pêche artisanale, la pêche de subsistance, la pêche récréative de 1950 à nos jours. Nous démontrons qu'il faut ajouter 50 % de poissons pêchés aux données de la FAO. Et mettons au jour un déclin graduel des prises depuis 1996, dû pour les trois quarts à la pêche industrielle.

Et on vous a cru ?

Ça n'a pas été facile. Chaque étude intermédiaire publiée était une critique implicite de la fiabilité des chiffres transmis, donc des gouvernements. La FAO a fini par accepter nos résultats, mais leur chef des statistiques nous a longtemps détestés ! La première grande étude qui a fait scandale portait sur la Chine. Le pays surdéclarait la quantité de poissons pêchés pour faire croire que les objectifs du plan quinquennal étaient atteints – comme souvent dans les pays communistes. Ailleurs, la sous-estimation domine. Quand on a sorti notre étude dans *Nature* en 2011, le roi était nu ! On est à plus du double de prises réelles dans certains pays du Sud. Et la moitié des pêcheries industrielles en haute mer sont illicites, non déclarées, non réglementées.

> **« Les chalutiers ont cambriolé la mer. Avant, on prélevait 200 000 tonnes de morue par an. Aujourd'hui, c'est 5 000. »**

Comment fonctionne la pêche illégale ?

Le cas classique : pêcher dans la zone d'un autre pays, sans permission. Autre solution, vous avez un accord de pêche avec la Guinée-Bissau, vous allez pêcher illégalement chez les voisins, puis vous vous sauvez à Bissau. Pfuit ! Comme une chevauchée. Ou encore, vous passez des accords privés avec un président, un ministre. Bien sûr, le ministre des Pêches ne dit jamais : *« J'ai touché 1 million de dollars qui sont en Suisse pour laisser pêcher les Chinois »* – ou les Japonais, les Français, les Néerlandais… Mais la plupart des pays d'Afrique occidentale sont concernés.

Vous dites que la mer a été « cambriolée ». Pouvez-vous expliquer ?

On ne produit rien quand on pêche, on ne fait que ramasser ce que la nature produit. L'océan est comme un gros compte en banque dont on perçoit les intérêts. Au Canada, avant la pêche industrielle, on prélevait 200 000 tonnes de morue par an et le stock se maintenait. Et puis les chalutiers ont ouvert le coffre-fort. En quelques décennies, ils ont cambriolé la mer. Rien que sur l'année 1968, près de 800 000 tonnes ont été pêchées. Ç'a été le pic. Le stock s'est ensuite écroulé. Il ne donne plus que 5 000 tonnes par an aujourd'hui. C'est un cambriolage, mais c'est aussi une véritable guerre ! On a fait la guerre aux poissons, et les poissons ont perdu.

Tout cela n'inquiète pas grand monde…

Nous sommes victimes d'un phénomène, que j'ai appelé le *« shifting baseline »*, le glissement des points de référence. Personne ne peut saisir l'énormité du changement à l'échelle de sa vie, chacun pense que la partie qu'il a vécue est la plus crédible. Voilà la dérive.

Il n'était pas rare de percer les tympans des enfants pour faciliter la plongée. À l'âge où d'autres entrent en CP, les jeunes Bajau pêchent leurs premiers poissons à la lance.

« *On n'a jamais vu autant de thon !* », m'a un jour dit un jeune pêcheur français. Et c'était vrai : l'abondance du thon avait doublé entre 1995 et 2015, grâce à une meilleure gestion des ressources par les autorités. Mais quand on passe de 2 % à 4 % de ce qu'il y avait cent ans plus tôt, on ne change pas grand-chose. Le récit de la situation antérieure – l'époque où il y avait des ormes, où les canicules étaient rares, où les pare-brise étaient couverts d'insectes – est perçu comme un radotage de vieux, c'est pour ça que le climat se réchauffe.

Les espèces disparaissent sous nos yeux.

Allez dire à des gens qui n'en ont jamais vu que les girafes enrichissent notre vie ! Quand elles auront disparu, est-ce qu'on pourra mesurer le manque de girafe ? Il ne sera pas perçu. Avant d'être éteinte, une espèce est presque toujours rare. On a l'impression de ne rien perdre. La mer se vide, et les pêcheurs pêchent surtout des subventions.

C'est-à-dire ?

Quand il n'y a plus de poissons chez vous, vous allez pêcher ailleurs, et chez vous le stock se régénère. Si vous êtes subventionné, vous continuez à pêcher le peu qui reste chez vous et vous empêchez le stock de se reconstituer. Les aides à la pêche sont dissimulées partout. Dans leur langue de bois, les États, les lobbies de pêcheurs parlent d'« apports », de « supports à la vente », d'« appuis ». Plus de 35 milliards de dollars ont été distribués aux pêcheries en 2018. La Chine et l'Union européenne subventionnent le plus. En Europe, l'Espagne et la France sont en tête des pays aidés.

En 2022, l'Organisation mondiale du commerce a interdit les

subventions aux pêches de stocks surexploités. Bonne nouvelle ?

Non. C'est la bérézina. D'abord, ça ne supprime que les subventions données aux bateaux qui pêchent des stocks surexploités. Mais qui détermine si une pêcherie cible des stocks de poissons surexploités ? Il faudrait évaluer les stocks. Les Chinois, les Russes, les Espagnols les évaluent-ils au large de l'Afrique occidentale, où ils vont pêcher ? Bien sûr que non. L'accord prévoit de subventionner les pêcheries qui mettent en place des mesures pour reconstituer les stocks. Qui vérifiera ?

Vous faites une différence entre pêche industrielle et pêche artisanale ?

Je m'oppose à la première, j'encourage la seconde. Mais allez expliquer ça à ceux qui se disent « professionnels de la mer ». Je me souviens d'un armateur français qui pratique la pêche au chalut. Il se vantait de connaître la mer parce qu'il avait quitté l'école à 13 ans. Quand on est sur le pont d'un bateau et qu'on extrait des milliers de tonnes de poisson, qu'est-ce qu'on sait ? On sait pêcher. On ne sait pas l'effet qu'on a sur la mer. Les professionnels, ce sont aussi des gens comme moi, qui démontrent qu'on a moins d'espèces, moins de poissons à cause de la surpêche.

Les Norvégiens ont réussi à faire croire que plus on mange du saumon d'élevage, plus on aime l'océan.

Le poisson d'élevage est-il une solution ?

Ça dépend de quoi on parle. Les deux tiers de l'aquaculture mondiale se trouvent en Chine, où elle est plutôt constituée d'huîtres, de moules, de coquillages : des herbivores. C'est un apport net : on n'a pas besoin de leur trouver de nourriture, ces animaux se nourrissent de ce qu'ils trouvent dans l'eau. Le saumon, le mérou et autres carnassiers, eux, sont nourris d'aliments à base de farine de poisson. On pêche du « poisson-fourrage » pour fabriquer des poissons ! Les Norvégiens derrière une bonne partie de l'aquaculture de saumons ont réussi à faire croire que plus on mange du saumon d'élevage, plus on aime les océans ! Mensonge. Au Sénégal, les sardinelles, aliments de base, sont exportées pour produire des saumons d'élevage que les gens achètent avec bonne conscience. Or ils mettent en danger la sécurité alimentaire du Sénégal.

Vous mangez du poisson ?

Oui, et ce n'est pas le sujet. Un consommateur ne change pas le monde. Un citoyen, si. L'esclavage n'a pas été aboli par les gens qui ont décidé de ne plus acheter d'esclaves, mais par ceux qui ont milité pour que ça change. Je suis membre d'une coopérative alimentée par des pêcheurs artisanaux à Vancouver. On paie en début de saison et ils rapportent une liste de poissons bien pêchés. Mais ce n'est pas une solution pour le monde, il existe très peu de coopératives de ce genre. Alors il faut agir pour que les lois changent, interdire certaines zones de pêche, supprimer les subventions et durcir les quotas.

Le Kabyle et le fusil

Rachid Laïreche

Au départ, une simple discussion. Un échange banal en bas d'un immeuble. Au détour d'une phrase, Kamel, un menuisier kabyle, m'a parlé de sa passion pour la chasse. En compagnie de Ramsès Kefi –avec qui j'ai travaillé à *Libération* avant qu'il s'exile chez *XXI* –, nous avons ouvert une porte qui nous a fait découvrir une grande histoire d'amour, d'exil, de transmission et de fusil égaré.

Luca Falcone

Je dessine régulièrement pour la presse et l'édition française et internationale. Pour cet article, j'ai essayé d'imaginer la forêt intérieure de cet homme hanté par ses souvenirs. Un peu comme, toute proportion gardée, dans le film magnifique de Michael Cimino, *Voyage au bout de l'enfer.*

Scapula ne meurt jamais

Brendan Kemmet

Journaliste et auteur, j'explore le monde interlope du banditisme depuis plus de vingt ans. Apprenant la mort de Francis Scapula, « la plus grande balance » du milieu hexagonal, j'ai pensé que le grand escamotage dont il a bénéficié méritait d'être raconté.

Antoine Moreau-Dusault

Le récit de Scapula est celui d'une vie. Plus de quinze ans s'écoulent entre les scènes de chaque dessin de la série. L'environnement comme critère de datation doit être aussi typé que possible. Ce travail de décoriste, souvent laborieux, s'est révélé passionnant. Convoquer tour à tour ses souvenirs (les gants en pécari de mon oncle conduisant sa DS puis sa R16 TX) et la documentation donne lieu à des moments réjouissants.

New deal au Creusot

Ramsès Kefi

C'est presque un caprice de journaliste : dans un article de presse, j'ai lu les déboires de la tour M au Creusot, devenue repaire de dealers en quelques semaines – comme un démon prendrait possession d'un corps. Je voulais voir de mes yeux à quoi elle ressemblait.

Anne-Gaëlle Amiot

Le Creusot, ça me parlait. J'ai grandi dans une ville de province, qui connaît des problématiques un peu similaires. J'aime travailler sur ce genre de récits, qui sont comme les fresques d'un lieu. Le dessin permet de figurer l'atmosphère, d'évoquer ici la rencontre de deux mondes, et ce décalage entre le déclin, banal, d'un coin paisible et cette incongrue renaissance par la criminalité.

ÉCLAIRAGE

L'oasis ou le cannabis

Catherine de Coppet

Éclairer les quartiers de grands ensembles à la lumière d'une problématique qui leur est rarement associée – la nature en ville –, voilà ce qui m'a stimulée en travaillant sur Nantes Nord. Mon sujet ne dévoile qu'une infime partie de la complexité de ce lieu à la riche histoire.

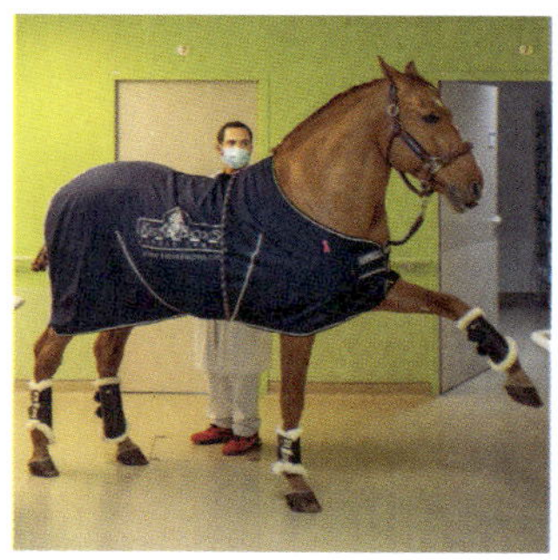

PORTFOLIO

Peyo, passeur d'âmes

Jérémy Lempin

Ce reportage m'a permis de découvrir les soins palliatifs. J'admire le personnel soignant, qui s'occupe des autres sans compter malgré des conditions de travail de plus en plus difficiles. Dommage que Peyo soit unique, car il soulage aussi bien les soignants que les malades.

LA VOIX EST LIBRE

« La conscience est indépendante de la matière »

Patrice van Eersel

J'ai été journaliste à *Libération*, puis à *Actuel*, avant de prendre la rédaction en chef de *Nouvelles Clés*. Auteur d'une vingtaine de livres, de *La Source noire* (1986) à *Noosphère* (2021), j'explore sans relâche la nature de la conscience.

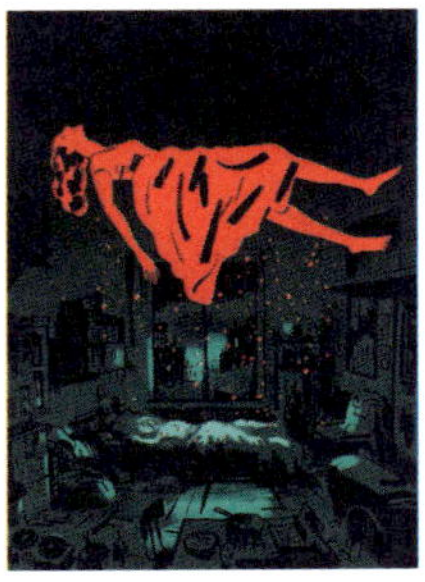

Benjamin Adam

Je suis auteur et dessinateur de bande dessinée et travaille régulièrement pour *XXI*, *La Revue dessinée*, *Topo* et *Libération*. Je publie aussi des ouvrages de fiction dans lesquels je laisse transparaître mon intérêt pour les codes graphiques et narratifs du documentaire.

Marqués au fer rouge

Robin Bouctot

Journaliste indépendant, j'aime écouter d'autres voix et chercher d'autres regards. À travers ce reportage dans l'Arctique canadien, j'ai tenté de raconter la collision entre deux mondes – le moderne, incarné par une mine de fer, et l'ancien, un village inuit.

Jorge González

Je suis auteur de bande dessinée, et j'ai également travaillé pour *La Revue dessinée*, *The New Yorker* et *Harper's Magazine*. J'ai apprécié ce récit et il m'a fait prendre conscience d'un problème dont je ne soupçonnais pas l'existence. J'aimerais que la revue poursuive ses recherches sur cette question et, bien sûr, avoir la chance de l'illustrer davantage !

Chœur battant

Guillaume Jan

Le Requiem pour la paix, tournée de chants lyriques qui dénonce le silence sur les crimes commis au Congo, c'est David contre Goliath. C'est ce que j'ai voulu montrer en suivant cette modeste entreprise perdue dans la démesure du Congo – pays que je fréquente amoureusement depuis quinze ans.

Ivan Brun

Je vis et travaille à Lyon. En 1994, j'avais réalisé une série de trente tableaux sur l'opération Turquoise, au moment de l'installation des camps de réfugiés hutu en RDC. Aujourd'hui, illustrer ce sujet sur le Requiem pour la paix m'aura donné l'occasion de regarder et écouter la prestation des artistes et apprécier la beauté et la puissance de l'interprétation.

BANDE DESSINÉE

Des momies trop bavardes

Romain Franklin

La Chine, que j'ai parcourue dans tous les sens depuis les années 1980, continue de me surprendre. Cette enquête sur les momies du Xinjiang m'a appris que, décidément, les autorités communistes ne reculent devant rien pour falsifier l'histoire, même celle d'il y a quatre mille ans.

Jörg Mailliet

Lorsque *XXI* m'a contacté pour dessiner les « momies interdites », je n'ai pas hésité une seconde, il y a tous les ingrédients pour un bon sujet : de l'aventure, des paysages, de l'histoire et de la politique. Et puis, que d'incroyables découvertes pour moi et pour les futurs lecteurs…

RENCONTRE

« On a fait la guerre aux poissons, et les poissons ont perdu »

Haydée Sabéran

Comment un enfant maltraité devient-il le biologiste marin le plus cité au monde ? Daniel Pauly m'a raconté les petits miracles qui ont fait de sa vie un roman. Je suis journaliste indépendante, ancienne rédactrice en chef adjointe de *XXI* et *6Mois*.

Olivier Dangla

J'aime dessiner les gens, et j'ai un appétit féroce pour les visages. Pour le portrait de Daniel Pauly, j'ai écouté sa voix et j'ai cherché à faire passer la sympathie qu'il m'inspire. Le dessin permet ça. Le fait qu'il soit océanologue m'a conduit à beaucoup varier la palette de bleus pour sa chemise, et à intégrer des reflets dans son visage.

PODCASTS

Et maintenant, écoutez *XXI* !

C'est une nouveauté et non des moindres : chaque trimestre, *XXI* vous présente désormais une poignée de podcasts en accès libre, en association avec le studio wave.audio. Sous la houlette de la rédaction, embarquez pour un vibrant voyage à la rencontre des meilleures histoires vraies.

À découvrir en ligne, quatre propositions sonores pour varier les plaisirs :

Un documentaire long format, à savourer en feuilleton. Dans notre première série en ligne, vous pourrez écouter en plusieurs épisodes l'enquête de Manon Prigent et Mathias Théry, qui ont suivi une aventure politique un peu folle en Seine-Saint-Denis. Un thriller tragi-comique du réel.

Les coulisses d'un récit de *XXI* par son auteur. Notre journaliste Ramsès Kefi revient sur son reportage au Creusot, devenu supermarché du shit (lire p. 58).

Une immersion sonore dans l'univers d'un reportage de la revue en cours. Plongez dans les chants lyriques pour écouter *Chœurs battants* (lire p. 116), raconté par le comédien et metteur en scène Nicolas Lambert.

Un document inédit pour écouter le monde tel qu'il est, sans commentaire.

Tous ces podcasts sont à retrouver au fil des semaines sur votre plate-forme de streaming préférée ou sur la page revue21.fr/podcast, accessible en flashant le QR code ci-dessous.

En finir avec la finance offshore !

À *XXI*, certaines causes nous motivent. Et quand nous sommes motivés, nous allons le plus loin possible ! C'est la raison pour laquelle la revue s'est associée au Consortium international des journalistes d'investigation (ICIJ), collectif à l'origine des meilleures enquêtes (les Panama Papers, Pandora Papers ou Luxembourg Leaks) parues ces dernières années sur les dérives de la finance offshore. Dès le 12 avril, vous pourrez découvrir chez votre libraire préféré 180 pages d'enquêtes, d'infographies, et de bande dessinée sur ce fléau que sont les paradis fiscaux. Un hors-série à lire d'une traite.

XXI

157, boulevard Macdonald
75019 Paris
01 87 58 00 30 – contact@4revues.fr
www.revue21.fr

Directeur de la publication et de la rédaction
David Servenay
Rédactrice en chef
Elsa Fayner
Rédactrice en chef adjointe
Catherine de Coppet
Directeur artistique
Quintin Leeds
Directrice de la photo
Martina Bacigalupo
Rédacteur
Ramsès Kefi
Graphiste
Éléonore Nicolas
Éditrice
Élodie Ratsimbazafy
Correctrice
Sarah Ahnou
Cartographie
Alexandre Nicolas
Photogravure
Les Artisans du regard
Marketing
Anaïs Benguigui
Communication numérique
Sonia Reveyaz
Secrétaire général
Jean-Philippe Salmon
Responsable administrative
Murielle Canta
Coordination commerciale
Marie Le Flahec

Service des abonnements :
XXI / TBS, 6 rue d'Ouessant, CS 38272, 35708 Saint-Grégoire cedex
01 76 44 02 42 – abo@revue21.fr
Formulaire téléchargeable sur www.revue21.fr
Édité par Quatre SAS, siège social : 157, boulevard Macdonald 75019 Paris
Président : David Servenay.
Directeur général : Sylvain Ricard.
Actionnaires : F&S, Sylvain Ricard, Franck Bourgeron, les éditions du Seuil, Pierre-Yves Frelaux, Amélie Mougey, Pierre Raiman
Fabrication : CPE Conseil.
Impression et façonnage : Vincenzo Bona s.p.a. Strada di Settimo, 370/30, 10156 Torino (TO), Italie

PEFC
Papier 100 % PEFC, provenance Allemagne, taux de fibres recyclées 0 %, impact sur l'eau, Ptot 0.019 kg/tonne

Commission paritaire : 0720 D 89299
ISSN 1960-8853 – ISBN 978-23-56381-73-6
Dépôt légal : février 2023

Ce numéro comporte un bon d'abonnement à *XXI* et un marque-page.

HORS-D'ŒUVRE

L'amour est dans le garba

TOUS LES TROIS MOIS, *XXI* PASSE EN CUISINE, AVEC UN AUTEUR OU UNE AUTRICE QUI ÉVOQUE UN PLAT AU CŒUR DE SON ŒUVRE. ICI, MARGUERITE ABOUET RACONTE UN METS IVOIRIEN, ISSU DU TOME 7 DE *AYA DE YOPOUGON* PARU EN 2022.

Ingrédients pour deux personnes :

Une boule d'attiéké (couscous de manioc, en épicerie exotique)

2 tranches de thon rouge ou de daurade, ou un bar coupé en deux

Un oignon

Une grosse tomate

Huile de tournesol, sel, poivre

Optionnel : un petit piment vert et un cube Maggi

Humidifier la boule d'attiéké et la mettre 2 min au micro-ondes. L'émietter dans un saladier.

Découper l'oignon, la grosse tomate (et le piment) en petits dés. Saler et poivrer le mélange, et réserver.

Nettoyer, saler et enfariner les morceaux de poisson. Les faire frire 10 min dans une huile chaude, jusqu'à ce que les morceaux soient bien dorés.

Dresser l'attiéké, le poisson et la salade de tomates. Arroser l'attiéké de l'huile chaude de la friture des poissons.

En option : saupoudrez le tout d'un cube Maggi râpé.

«*Le garba ? N'importe qui peut le cuisiner ! C'est tellement simple qu'un homme qui veut faire plaisir à sa copine doit savoir le réaliser ! C'est la moindre des choses.*» Grande tresse sage, longues mains et petite voix, Marguerite Abouet sort de sa réserve dès qu'il est question de cuisine. Dans le tome 7 de la série *Aya de Yopougon*, c'est l'héroïne qui apporte un garba à son prétendant, Didier, le magistrat, pour un déjeuner surprise au bureau de celui-ci. Un repas, oui, mais qu'elle n'a pas cuisiné elle-même, «*en bonne féministe qui s'ignore*», explique, malicieuse, l'autrice de cette saga qui retrace les aventures de trois copines à Yopougon, quartier populaire d'Abidjan, dans les années 1980. Après douze ans d'absence, la série mise en dessin par Clément Oubrerie propose, comme à chaque fois, en épilogue, une recette par la voix d'un des personnages. Cette fois-ci, c'est Aya, qui présente le garba.

Ce plat est simple : une salade de tomates relevée, de la semoule de manioc – l'attiéké –, des tranches de poisson dorées dans l'huile chaude. Dans l'histoire, Aya l'achète à une étudiante dans les couloirs de la cité universitaire, mais on en trouve partout à Abidjan. «*Ce sont les vendeurs de rue nigériens qui ont popularisé ce plat en le cuisinant à base de thon – qui n'est pas un poisson cher chez nous –, au lieu du bar et de la dorade traditionnels.*» C'est ainsi que «attiéké-poisson frit» a pris, en référence à ces cuisiniers populaires, le nom de «garba» («garçon» en langue nigérienne), et intégré le panthéon des plats nationaux ivoiriens. «*Toutes les couches sociales en mangent aujourd'hui. Et c'est tellement bon qu'on soupçonne les vendeurs de rue de mettre un produit addictif dedans !*»

«*L'odeur de l'attiéké réchauffé, comme celle des oignons rissolés – grand incontournable des plats d'Afrique de l'Ouest –, fait surgir toutes les images de mon enfance.*» À Yopougon, la petite Marguerite passe sans cesse d'une maison à l'autre. Tout le monde se connaît à «Yop City», et il n'est pas rare de manger chez les voisins, ou de les voir débarquer pour partager un ragoût d'igname ou un attiéké-poisson frit. «*Beaucoup de mamans ne travaillaient pas. Elles se retrouvaient pour faire à manger, c'était une façon de se réunir !*» Chez Marguerite, on cuisine

Aya achète du garba dans les couloirs de la cité universitaire (*Aya de Yopougon*, tome 7).

aussi maison : c'est Ongran, une cousine de sa mère recueillie avant sa naissance, qui est aux fourneaux les jours de semaine. Tout est délicieux, et on ne rigole pas avec ça : « *Ma mère nous interdisait de manger du garba, car elle considérait la nourriture cuisinée dehors comme n'étant pas hygiénique. Mais les cousines et cousins de la maison en achetaient, du coup on en mangeait sans que ma mère le sache !* »

L'art de mitonner avec presque rien

À l'âge de 12 ans, Marguerite Abouet quitte Yopougon pour la France. « *C'est en arrivant à Paris que j'ai découvert que je savais faire à manger.* » Le grand-oncle qui les accueille, elle et son grand frère, vit seul. « *Il nous faisait des pommes de terre à toutes les sauces : bouillies, en purée, frites… Je n'en pouvais plus ! Alors un jour, dans la cuisine, j'ai pensé à ce que je mangeais à Abidjan et je me suis dit : je vais faire un ragoût de pommes de terre ! Avec de la sauce tomate, de la viande, c'était parti !* » C'est ainsi que, de ragoûts en garbas, de sauces en « riz gras », la cuisine ne l'a jamais quittée. « *Mon frère m'a bénie !* » De ses années de galère parisienne à vivre de petits boulots dans une chambre de bonne, cette amoureuse d'histoires a gardé l'art de mitonner un plat avec presque rien.

À tel point qu'il y a dix ans l'ancienne juriste a fait une infidélité à la fiction pour écrire un livre de cuisine. Elle s'en étonne encore : « *Quand j'ai découvert qu'en France les gens avaient besoin d'un livre pour préparer à manger, je ne m'en suis pas remise ! Je n'en possède aucun, mais je me suis laissé convaincre que je pouvais en écrire un !* » En préface de ses *Délices d'Afrique* (illustrés par Agnès Maupré), l'autrice prévient : « *Mes copines, ce livre n'a pas pour ambition de vous apprendre à mieux cuisiner, mais celle de partager avec vous quelques conseils culinaires venus d'ailleurs pour mieux vivre avec votre moitié, seule, en famille, ou avec des ami(e)s.* » Mieux vivre ? « *La cuisine, on en fait quelque chose de compliqué, voire de dévalorisant pour les femmes. En fait, toutes les occasions sont bonnes pour faire à manger, on peut s'amuser avec ça, il faut essayer !* » Pas sûr pour autant qu'Aya se mette à cuisiner pour Didier d'ici au tome 8. XXI

CATHERINE DE COPPET

VIEILLES BRANCHES

« Je lève la tête et je le vois »

UN HOMME, UN ARBRE.

LAURENT TILLON, BIOLOGISTE SPÉCIALISTE DE LA FORÊT, DOIT SA VOCATION À QUERCUS, À QUI IL A CONSACRÉ UN LIVRE, *ÊTRE UN CHÊNE*, EN 2021. DEPUIS LA SÉCHERESSE DE L'ÉTÉ, IL S'INQUIÈTE POUR L'AVENIR DE SON ARBRE.

Je ne vous dirai pas où exactement pousse Quercus. Ce chêne de la forêt de Rambouillet m'accompagne depuis le jour où, en plein désespoir adolescent, je suis tombé sur lui à la faveur d'une mésaventure à vélo. C'était le bazar dans ma tête, j'étais parti avec des amis pour me dépenser en forêt. Ma chaîne me lâche, je suis obligé de m'arrêter. Les copains sont loin devant. C'est alors que je lève la tête et que je le vois. Ébahi devant sa splendeur, je me suis senti mieux en un claquement de doigts ! C'était il y a trente ans.

Ce chêne de plus de 240 ans a grandi dans la partie ouest du massif, sur un terrain un peu sableux. C'est l'arbre le plus imposant des alentours, qui comptent de nombreuses espèces vivant en symbiose. Depuis la sortie de mon livre, des lecteurs réclament régulièrement l'organisation de visites auprès de « mon » arbre. Pure folie ! Là où vit Quercus est un peu comme mon sanctuaire : j'y viens pour sentir le moment présent, et affronter la confusion de mes émotions. Je lui ai donné ce nom, Quercus, « chêne » en latin, comme j'ai baptisé Fagus son plus proche voisin, le hêtre.

Depuis presque dix ans, j'habite non loin de sa forêt. Parfois, je ne fais que le saluer pendant mon footing, d'autres jours je passe plusieurs heures assis contre son tronc. Il m'apaise. À son contact, je ne suis plus qu'un vivant parmi les vivants. Ce chêne a joué un rôle à des moments charnières de mon existence. Je vous ai parlé de mon adolescence. Mais plus récemment aussi, alors que je faisais le deuil d'un de mes amis forestiers, fauché trop vite par un cancer. Nous parlions souvent ensemble de notre rapport aux êtres vivants, il m'avait confié que le chevreuil était son animal totem. Peu après sa mort, je suis venu me poser près de Quercus au petit matin. Tout à coup, un chevreuil a surgi du bois et s'est campé à quelques mètres de moi. J'en ai été très troublé. Le lendemain, comme assailli d'un doute, je suis retourné au pied de l'arbre à la même heure. Le chevreuil est revenu, s'est posé au même endroit. J'ai coutume de me dire cartésien, mais il faut avouer qu'il se passe quelque chose entre Quercus et moi.

Au printemps, Quercus déploie ses feuilles. L'hiver lui a-t-il apporté assez d'eau pour constituer les réserves nécessaires à ce débourrement ? L'été dernier, mon arbre-compagnon a plutôt bien résisté à la sécheresse, grâce à deux gros orages en juillet et à sa proximité avec une zone de marais qui entretient une certaine humidité du sol. Fagus, lui, fait moins le fier. Depuis quelques années, il n'est pas rare de voir certaines de ses branches sécher avant même l'arrivée des beaux jours. Si Fagus venait à dépérir, ce serait un drame pour Quercus. Certes, comme tous les autres chênes, il sait éviter une trop grande perte en eau, en limitant la durée d'ouverture des stomates de ses feuilles. Mais la capacité d'adaptation de Quercus est limitée : il ne résisterait pas à quatre mois à 50 degrés, comme on l'a observé par exemple au Pakistan. En attendant, Fagus aide Quercus à supporter les coups de chaud : situé plein sud, il maintient l'humidité dans le sous-bois grâce à son ombre. À court terme, c'est lui qui m'inquiète !

PROPOS RECUEILLIS PAR CATHERINE DE COPPET
ILLUSTRATION JOËLLE JOLIVET